EQUILÍBRIO, ESTRUTURA & ESTRATÉGIA

Antonio Carlos Matos da Silva

EQUILÍBRIO, ESTRUTURA & ESTRATÉGIA

Como a arte do vinho pode inspirar a gestão empresarial

© Antonio Carlos Matos da Silva, 2025
Todos os direitos desta edição reservados à Editora Labrador.

Coordenação editorial PAMELA J. OLIVEIRA
Assistência editorial LETICIA OLIVEIRA, VANESSA NAGAYOSHI
Projeto gráfico e capa AMANDA CHAGAS
Diagramação ESTÚDIO DS
Preparação de texto MONIQUE PEDRA
Revisão LUCAS DOS SANTOS LAVISIO

Dados Internacionais de Catalogação na Publicação (CIP)
Jéssica de Oliveira Molinari - CRB-8/9852

SILVA, ANTONIO CARLOS MATOS DA
Equilíbrio, estrutura e estratégia : como a arte do vinho pode inspirar a gestão empresarial / Antonio Carlos Matos da Silva
São Paulo : Labrador, 2025.
256 p.

Bibliografia
ISBN 978-65-5625-790-7

1. Administração de empresas 2. Negócios 3. Desenvolvimento profissional 4. Vinhos I. Título

25-0219   CDD 658

Índice para catálogo sistemático:
1. Administração de empresas

Labrador

Diretor-geral DANIEL PINSKY
Rua Dr. José Elias, 520, sala 1
Alto da Lapa | 05083-030 | São Paulo | SP
editoralabrador.com.br | (11) 3641-7446
contato@editoralabrador.com.br

A reprodução de qualquer parte desta obra é ilegal e configura uma apropriação indevida dos direitos intelectuais e patrimoniais do autor. A editora não é responsável pelo conteúdo deste livro. O autor conhece os fatos narrados, pelos quais é responsável, assim como se responsabiliza pelos juízos emitidos.

Para Dani, *com amor, a luz e o toque final de alegria que faltava nas minhas palavras. Obrigado por me lembrar de que a jornada é sempre mais divertida quando rimos juntos.*

Lucas e Nicholas, *este livro é um reflexo do que desejo para o futuro de vocês: um mundo de possibilidades, onde a curiosidade e o aprendizado nunca parem.*

Para a família e amigos, *vocês continuam sendo uma parte essencial desta jornada. Agradeço a cada um de vocês por estarem sempre por perto, prontos para ouvir e apoiar.*

Sumário

Introdução — 15

Ciclos das vinhas e ciclos dos negócios — 21
Verão (junho a setembro) Planejamento e preparação: o alinhamento estratégico — 22
Outono (outubro a dezembro) Aprovação dos planos, fechamento do ano, colheita e início da transformação — 22
Inverno (janeiro a março) Ano novo, desafio novo e amadurecimento — 23
Primavera (abril a junho) Renovação e crescimento — 24
A sabedoria dos ciclos constantes de aprendizado e evolução — 25

CAPÍTULO 1
Terroir e cultura organizacional — 31
Como o ambiente e a cultura influenciam a produção de vinho e o funcionamento das empresas — 31
Terroir: conceito e aplicações — 35
O papel do terroir e da cultura organizacional — 37
O papel da cultura organizacional nas empresas — 39

Cases práticos: a evolução dos segundos vinhos em Bordeaux
e a transformação ágil ——————————————— 45
A transformação ágil ——————————————— 47
As armadilhas do dia a dia ———————————— 49
O impacto da metodologia ágil no clima organizacional —— 51
Construindo uma cultura de feedback e alinhamento ——— 54
O modelo ágil e os três horizontes de crescimento: uma
jornada para a inovação contínua ——————————— 55
Recomendações para o futuro ————————————— 60
Referências ——————————————————— 62

CAPÍTULO 2
Vinificação e estratégia empresarial ———————— 65
Seleção de uvas x seleção de talentos ————————— 67
Colheita, seleção e desengace ————————————— 70
Transformando sonho em realidade em Bordeaux ———— 75
Estratégia empresarial e vinificação: similaridades e lições — 78
O cerne da estratégia: diagnóstico, direção estruturada
e ações coerentes ——————————————————— 80
Estratégia e execução: prioridade e clareza dos objetivos —— 82
Pensamento sistêmico: integração e alinhamento ————— 84
"Calor" das relações: papel da liderança ————————— 89
Indivíduo e coletivo em busca de resultados extraordinários 92
Controle de temperatura: gerenciamento das relações e da
pressão ———————————————————————— 93
Lições a evitar: a importância de não subestimar a execução — 94
Referências ——————————————————————— 95
Leitura complementar ————————————————— 96

CAPÍTULO 3

Blending e diversidade — 97

Blending de uvas e mix de habilidades — 97

O processo de blending (mistura) — 100

A arte por trás da ciência — 101

O poder da diversidade cognitiva — 104

Case 2: a importância da diversidade nos grupos de agilidade — 108

Referências — 113

Leitura complementar — 115

CAPÍTULO 4

Adaptação e liderança — 117

A maturação da liderança — 117

As capacidades de um líder servidor — 119

O papel do pensamento sistêmico nas organizações — 127

A complexidade das decisões e o impacto sistêmico — 128

Liderança como design e navegação — 132

A importância dos líderes na cultura da colaboração — 133

Competição interna: um jogo que nenhum time pode ganhar — 134

A competição silenciosa: quando a falta de harmonia distorce o resultado — 135

Como redirecionar a competitividade para o coletivo — 138

Referências — 145

CAPÍTULO 5

Análise sensorial e centralidade no cliente — 147

O cérebro como criador de sabores	148
Customer centricity: uma experiência pessoal com a degustação de vinhos	149
O papel das emoções nas decisões dos consumidores	150
A importância de ouvir o consumidor	151
Opiniões e subjetividade: um jogo de perspectivas	152
Reforçando o papel dos especialistas	154
Segmentação de consumidores de vinho	158
A importância dos sentidos: o olfato e o paladar como guias	159
A degustação de vinhos e as decisões de qualidade	160
Centralidade no cliente: impacto das emoções nas decisões	161
O vinho e a experiência do cliente	162
A pressão da conformidade: o desconforto de ser "iniciante"	162
A tirania da minoria	164
Desafiando a sabedoria convencional	165
Avaliação do vinho começa na taça	166
O poder do olfato	166
Paladar, a confirmação	168
Complexidade: o grande segredo	169
Tipicidade: o reflexo da autenticidade	169
O final: o impacto duradouro	170
Conectando o vinho ao consumidor: lições para negócios e produtores	171
Três estilos de vinho, três abordagens nos negócios	173
Criando vinhos que conectam e empresas que inspiram	174
O que define a qualidade em um vinho	175
Os tipos de uvas	177

Avaliando aromas — 180
Customer Experience: a arte de encantar e fidelizar no mundo corporativo e do vinho — 183
A evolução da experiência: do tradicional ao digital — 184
A analogia com o vinho: o iceberg da experiência do cliente — 185
A jornada do cliente e a *"ownership experience"* — 187
O papel das métricas e do retorno sobre investimento em CX — 187
A importância de personalizar a comunicação — 188
Conectando a paixão pelo vinho com o mundo dos negócios — 189
A resistência à mudança e a jornada da experiência do cliente: uma reflexão a partir do mundo do vinho — 190
A curva da resistência: do choque à aceitação — 191
CX como um esporte coletivo: silos e suas armadilhas — 192
Convicções e rituais: o ciclo virtuoso da transformação — 193
O papel da liderança na transformação CX — 194
Referências — 198

CAPÍTULO 6
Sustentabilidade e responsabilidade social corporativa — 203
Sustentabilidade e responsabilidade social no vinho — 203
ESG e a mudança de mentalidade — 204
Desafios comuns entre vinícolas e empresas — 205
A equação do "eu, nós e o ecossistema" — 206
O impacto da sustentabilidade na produção de vinho — 207
Os ODS e a indústria do vinho — 209
Desafios e oportunidades — 210
O que motiva a sustentabilidade nas vinícolas? — 211

Vitivinicultura: convencional x vitivinicultura sustentável — 212
Os impactos ambientais e o ciclo de vida do vinho — 213
Sustentabilidade como um diferencial competitivo — 214
As iniciativas sustentáveis no setor do vinho — 215
Considerações finais — 219
Referências — 219

CAPÍTULO 7
Tradição, inovação e futuro — 221
Um brinde ao equilíbrio entre o passado e o futuro — 221
O impulso inovador: a necessidade de adaptação — 222
Mudanças e desafios: o equilíbrio delicado — 223
Três décadas de evolução no mundo do vinho — 228
O novo consumidor: hedonista e informado — 229
Mudanças climáticas e sustentabilidade: desafios e oportunidades — 231
O enoturismo e a cocriação de experiências — 231
O impacto da mídia social e as novas gerações — 232
Comportamento do consumidor: o pilar central da transformação — 234
Qualidade do vinho: do preço ao valor emocional — 235
Satisfação e enoturismo: a era da experiência — 237
Sustentabilidade e mídia social – os novos protagonistas — 238
Previsões futuristas: o que podemos esperar do mercado de vinhos? — 241
Case de inovação: a revolução da dupla poda na vitivinicultura brasileira — 243
A técnica de dupla poda: inovação *made in Brazil* — 243

Por que inverter o ciclo da videira? —————————— 244
Desafios e adaptações necessárias ——————————— 245
Um novo futuro para a vitivinicultura brasileira ————— 246
A inovação como caminho para o futuro ——————— 247
Referências ———————————————————— 247

Reflexões finais———————————————————— 251
Referências ———————————————————— 254

Introdução

Colocar palavras nas sensações e emoções às vezes é muito difícil.
Virginie Sallette
Diretora técnica do Château Gruaud Larose

Um brinde aos negócios e ao vinho

Era início de setembro, uma quarta-feira ensolarada em Bordeaux, e a agenda estava repleta de atividades. Enquanto passamos pela estrada que nos levaria a Saint Julien, uma das regiões da famosa Médoc, era impossível não se encantar com o espetáculo visual ao nosso redor. O imponente rio Garona corria ao lado, contornando o terroir que elevou essa área a um patamar de grande importância no mundo do vinho. Saint Julien, famosa por seus solos de cascalho e um microclima, é o berço de vinhos tintos de alta qualidade, notadamente aqueles elaborados a partir da uva cabernet sauvignon.

À medida que nos aproximávamos da vinícola, a paisagem tornava-se ainda mais deslumbrante. Os vinhedos exibiam uma paleta de verdes profundos, as videiras carregadas com uvas que estavam a poucas semanas da colheita. Cada fileira, perfeitamente alinhada, parecia uma obra de arte viva, prestes a culminar em uma boa safra. No horizonte, uma torre moderna e imponente de vidro mostrava o contraste entre o moderno e o clássico, simbolizando a evolução da viticultura, em que tradição e inovação se encontram.

Ao adentrarmos o tradicional casarão mais recuado em relação à torre, fomos recebidos calorosamente pela enóloga-chefe, uma figura carismática que guiava a vinícola com muito dinamismo, conhecimento e paixão há cinco anos. Nossa visita prometia ser impactante: uma degustação vertical que nos permitiria explorar diferentes safras, desde o icônico ano de 2009 até a mais recente, de 2022. Para aqueles que não estão familiarizados, uma degustação vertical envolve experimentar diversas colheitas da mesma bebida fermentada (o vinho), permitindo que se avalie como as características dessa bebida se desenvolvem ao longo do tempo. Com a enóloga ao nosso lado, e acompanhados por um respeitado crítico de vinhos de Bordeaux, teríamos a rara oportunidade de explorar as sutilezas e os detalhes técnicos que fazem cada safra única.

Enquanto aguardávamos o início da degustação, minha mente vagava pelo meu cotidiano no mundo corporativo. Pensei: "Quantas vezes paramos para fazer uma retrospectiva tão detalhada de nossos negócios, ouvindo diferentes perspectivas e compreendendo os fatores que impulsionam nosso sucesso ou nos apresentam oportunidades de melhoria?" A resposta foi um eco silencioso, pois, para minha surpresa, raramente nos damos esse tempo. A partir daquele momento, comecei a enxergar possíveis paralelos entre o mundo do vinho e o ambiente corporativo — e minha curiosidade só aumentava.

Durante uma degustação vertical de diversas safras do Château Gruaud Larose, em Bordeaux, tive uma chance rara de refletir sobre o processo de melhoria contínua, tanto no mundo do vinho quanto no universo dos negócios. A diretora técnica do Château, sra. Virgine Sallette, nos descreveu as mudanças implementadas durante as diversas temporadas na vinificação, acompanhadas por fichas técnicas detalhadas de cada safra. Foi importante observar como, a cada ano, a vinícola ajustava e aprimorava suas práticas.

Por exemplo, nas safras de 2009 e 2010, a fermentação ocorria em tanques com uma combinação de 40% de madeira e 60% de cimento com termorregulação. Já em 2019, eles evoluíram para 100% em tanques de madeira com controle de temperatura. Outro exemplo é o crescimento contínuo do uso de tonéis novos: em 2011, apenas 40% dos tonéis eram novos, enquanto em 2018 esse número aumentou para 80%, com períodos de maturação variando entre 18 e 24 meses. Em 2020, o uso de barricas novas atingiu 95%, com um acondicionamento padronizado de 18 meses.

Essas mudanças não são apenas resultado de restrições financeiras ou operacionais, mas refletem também a visão e crença do enólogo sobre o que é necessário para atingir o melhor resultado. Por exemplo, tomar a decisão se o que se quer é ter volume de produto, ou qualidade. Esse processo de aprendizado contínuo, análise crítica e ajuste constante com o passar do tempo faz parte do DNA do Château Gruaud Larose — e é isso que torna cada safra única, sempre refletindo melhorias na busca pela excelência.

Ao observar essa abordagem, fui imediatamente levado a pensar nas práticas de muitas empresas multinacionais. Com frequência, por exemplo, novos gerentes de produto chegam e, ansiosos por deixar sua marca, implementam mudanças sem considerar o que já foi feito, o que funcionou ou o que não deu certo no passado. Esse é um dilema recorrente explorado neste livro. Em vez de focar apenas novidades ou transformações radicais, é vital entender primeiro os processos existentes; aplicar melhorias graduais e implementar inovações de forma estratégica é crucial.

Assim como ajustes no vinho impactam o resultado final, nos negócios, não basta apenas querer "deixar uma marca". É essencial aprender com experiências passadas e identificar onde melhorias simples e eficazes podem ser aplicadas. Esse conceito de aprimoramento contínuo será uma das lições centrais que exploraremos nas analogias de vinificação e gestão empresarial.

Os produtores de vinho se dedicam a cada etapa do processo de vinificação anualmente, do planejamento no verão à revisão no inverno. Da mesma forma, os executivos corporativos estão sempre envolvidos no desenvolvimento de estratégias, na execução de planos e no ajuste de rumos para o sucesso de suas organizações. No verão do hemisfério norte, enquanto as vinícolas europeias se preparam para a colheita, as empresas multinacionais estão em plena fase de planejamento, delineando táticas e se preparando para os desafios futuros. No outono, assim como as vinícolas colhem as uvas e começam a vinificação, as empresas começam a ver os primeiros resultados de suas estratégias e fazem ajustes conforme necessário.

A analogia se estende ao inverno, quando as videiras entram em dormência, mas o trabalho nas adegas se intensifica. Da mesma forma, os executivos concentram-se na execução e no monitoramento dos planos elaborados, fazendo os ajustes necessários para garantir que a empresa esteja no caminho certo. Na primavera, é hora de revisar, aprender e preparar-se para o futuro. Para os viticultores, é o momento de criar blends e preparar o vinho para o engarrafamento; para os executivos, é a hora de revisar os resultados, ajustar estratégias e planejar os próximos passos.

Ao desvendar esses paralelos, percebemos que o mundo do vinho e o universo corporativo compartilham mais do que se imagina. As semelhanças oferecem insights sobre estratégia, liderança, inovação e adaptação, cativando tanto os apaixonados por vinho quanto os executivos e profissionais em ascensão nas grandes corporações. Nos capítulos que se seguem, convido-o a embarcar em uma jornada de descobertas, na qual navegaremos por esses dois mundos fascinantes.

Este livro trará uma série de analogias entre o mundo da vinificação e o mundo corporativo, ajudando o leitor a perceber como os princípios da natureza e do vinho podem ensinar lições poderosas sobre a gestão de negócios. Cada capítulo abordará aspectos que reforçam essa relação, começando pelo primeiro, que relaciona a produção de vinho com a criação e implementação de planos de negócios.

Ciclos das vinhas e ciclos dos negócios

O ciclo anual de um vinhedo é um processo que pede empenho, no qual cada estação do ano desempenha um papel essencial na criação de vinhos de excelência. Esse procedimento abrange desde o surgimento das videiras até a colheita e o descanso das plantas no inverno. Inclui várias atividades na produção do vinho, assemelhando-se ao processo de planejamento e execução nas empresas. Assim como o enólogo precisa entender o tempo certo para cada etapa na produção de um vinho, líderes empresariais precisam dominar os tempos, os ciclos anuais e os processos de seus negócios, garantindo que suas estratégias estejam alinhadas, bem executadas e, acima de tudo, sejam sustentáveis.

Começando com a primeira analogia, temos o ciclo anual tanto nas vinícolas como nos negócios. Existem padrões anuais de calendários que se repetem ao longo dos anos. Apenas com intuito didático, utilizaremos o ciclo anual dos vinhos do Velho Mundo, isto é, quando os meses de junho a setembro correspondem ao verão.

VERÃO (JUNHO A SETEMBRO)
Planejamento e preparação: o alinhamento estratégico

No vinhedo, o verão é uma época de preparação intensa. As uvas começam a amadurecer, e o viticultor precisa estar atento ao equilíbrio entre açúcar, acidez e taninos. O momento exato da colheita determinará a qualidade do vinho. Cada variedade de uva requer um cuidado específico para garantir que seu potencial máximo seja alcançado.

OUTONO (OUTUBRO A DEZEMBRO)
Aprovação dos planos, fechamento do ano, colheita e início da transformação

No outono, as videiras atingem o auge da sua produção, e chega a tão esperada colheita. O tempo e a precisão são essenciais: uvas colhidas cedo demais podem resultar em bebidas alcoólicas ácidas e imaturas; se colhidas tarde demais, o néctar pode perder sua vitalidade. A escolha do momento certo, somada às práticas de vinificação — fermentação, controle de temperatura e estágio de envelhecimento —, determina o sucesso do vinho. Em alguns anos, devido a condições climáticas, a colheita pode acontecer mais cedo, isto é, no mês de setembro.

Nas empresas, o outono é o período de execução para entregar os resultados do ano, mas também de aprovação dos planos para o próximo ciclo. Planos bem audaciosos, mas realistas, são a base para uma ótima discussão com líderes seniores.

Desde o plantio das videiras até a colheita e o descanso das plantas no inverno, o processo abrange diversas atividades na produção do vinho, similar ao processo de planejamento e implementação nos negócios. Assim como o enólogo entende o momento certo para cada estágio na produção de vinho, líderes empresariais precisam dominar os tempos e ciclos anuais de seus negócios, garantindo que suas estratégias estejam alinhadas com o ritmo da empresa para alcançar os resultados desejados. A fase de execução exige atenção e capacidade de se adaptar. Como na vinificação, o monitoramento constante é essencial para garantir que os processos avancem conforme o esperado e, se necessário, para que ajustes sejam feitos no meio do caminho.

O enólogo ajusta a temperatura dos tanques para controlar a fermentação, e os líderes devem ajustar suas operações para garantir que a estratégia esteja funcionando e entregando os resultados planejados. O que diferencia grandes vinhos — e grandes empresas — é a habilidade de extrair o máximo potencial de cada etapa do processo.

INVERNO (JANEIRO A MARÇO)
Ano novo, desafio novo e amadurecimento

Com a chegada do inverno, as videiras entram em dormência, mas o trabalho nas adegas não para. Este momento é crucial no envelhecimento dos vinhos em barris de carvalho, em que a paciência e a precisão são fundamentais. Durante esse estágio, o vinho desenvolve complexidade e harmonia. Enólogos realizam provas periódicas, ajustando nuances para garantir que cada safra atinja seu potencial máximo.

Nas empresas, o inverno também é um período para iniciar o novo ano, comunicando toda a organização e engajando todas as equipes internas e externas nos desafios e oportunidades. Ao comunicar o que está por vir — lançamento de produtos, estratégias, segmentação de mercado etc. —, temos momento de mobilizar toda a organização para entregar os resultados do primeiro trimestre e verificar se a execução está no caminho certo. Assim como o enólogo monitora o amadurecimento do vinho, líderes empresariais devem avaliar o desempenho das suas equipes e projetos, identificando o que está funcionando e o que precisa ser modificado.

A capacidade de adaptação é fundamental. Assim como um vinho é ajustado na barrica para atingir sua complexidade ideal, uma empresa deve ser flexível o suficiente para ajustar suas metas e estratégias com base em aprendizados e resultados reais.

PRIMAVERA (ABRIL A JUNHO)
Renovação e crescimento

Finalmente a primavera chega, trazendo renovação e crescimento tanto para as vinhas quanto para os negócios. No vinhedo, as videiras despertam de sua dormência e começam a brotar novas folhas e flores. Esse é o momento de preparar os vinhos para o engarrafamento, estabilizá-los e garantir que estejam prontos para o mercado. Cada detalhe conta para garantir que os vinhos atinjam o mercado no momento perfeito, com qualidade superior.

Da mesma forma, nas empresas, a primavera é o momento de revisar os resultados obtidos até então e fazer ajustes finais para maximizar o sucesso ao longo do ano. As lições aprendidas durante o ciclo são incorporadas nos planos futuros. Assim como os vinhos são estabilizados para o engarrafamento, as empresas revisam suas estratégias e alinham suas equipes para continuar em direção aos seus objetivos de longo prazo.

A sabedoria dos ciclos constantes de aprendizado e evolução

Tanto na viticultura quanto nos negócios, o ciclo nunca para. Anualmente, surgem novas condições e desafios que demandam um equilíbrio entre o aprendizado passado e o conhecimento a ser adquirido. A busca pela excelência, seja na produção de um vinho, seja na execução de um plano estratégico, depende de uma atenção constante a cada detalhe, paciência para amadurecer no tempo certo e capacidade de ajustar o rumo quando necessário.

Este livro explora as analogias entre vinificação e gestão empresarial. Abordaremos tópicos como cultura organizacional (terroir), tomada de decisão (*blending*), análise sensorial (*customer experience*) e o equilíbrio entre tradição e inovação, trazendo novos insights para líderes e gestores, inspirando-os a repensar a maneira como conduzem suas organizações e cultivam seus times.

Prepare-se para mergulhar em uma jornada que promete educar e inspirar, ao traçarmos paralelos entre a arte da vinificação e a ciência da gestão empresarial. Exploraremos como a natureza cíclica da vida e dos negócios pode ser fonte de inovação contínua e sucesso duradouro.

Assim como as vinhas dependem do equilíbrio entre solo, clima e cuidado humano, os negócios de sucesso dependem da harmonia entre estratégia, execução e pessoas. Vamos juntos analisar essas conexões e descobrir como a arte de fazer vinhos pode ensinar lições profundas sobre liderança e gestão.

Trimestre / estação	Ciclo do vinhedo	Ciclo empresarial	Foco principal (vinhedo e empresa)
Verão (junho a setembro)	Preparação para a colheita, controle da maturação das uvas, poda verde e manejo das vinhas. Início da colheita.	Planejamento estratégico: definição de planos de marketing, objetivos de longo prazo e execução do plano atual.	**Vinhedo:** controle de maturação, planejamento para colheita, garantia de qualidade das uvas. **Empresa:** elaboração e definição de estratégias e planos anuais/multianuais.
Outono (outubro a dezembro)	Colheita das uvas e início da fermentação. Controle da fermentação alcoólica e malolática. Maceração e início do amadurecimento em barricas.	Execução dos planos estratégicos. Apresentação ao board, ajustes finais e *sign off* do plano. Desenvolvimento do plano tático e alocação de recursos.	**Vinhedo:** colheita e vinificação. Início do processo de amadurecimento dos vinhos. **Empresa:** implementação dos planos, ajustes e análise de viabilidade e execução.

(continua)

(cont.)

Trimestre / estação	Ciclo do vinhedo	Ciclo empresarial	Foco principal (vinhedo e empresa)
Inverno (janeiro a março)	Dormência das videiras. Amadurecimento dos vinhos em barricas, ajustes e cortes. Provas e estabilização do vinho.	Comunicação dos planos e objetivos corporativos do ano e implementação.	**Vinhedo:** amadurecimento do vinho, controle de qualidade e *blending*. **Empresa:** comunicação a todos os colaboradores dos objetivos corporativos. Execução dos planos, monitoramento de métricas e ajustes de performance.
Primavera (abril a junho)	Despertar das vinhas. Brotação e início da formação das folhas e flores. Preparação para o engarrafamento e estabilização dos vinhos.	Revisão e realinhamento das estratégias. Análise dos resultados obtidos no primeiro trimestre e ajustes para o futuro.	**Vinhedo:** preparação para engarrafamento, estabilização e controle de qualidade. **Empresa:** revisão de resultados, aprendizado e realinhamento estratégico.

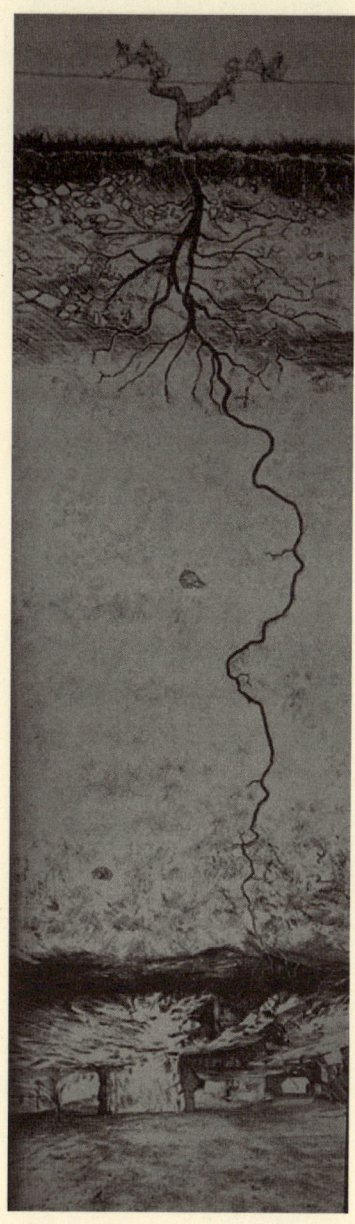

Quadro na sala de degustação do Château Canon mostrando a profundidade a que as raízes das videiras podem chegar.

CAPÍTULO 1

Terroir e cultura organizacional

Como o ambiente e a cultura influenciam a produção de vinho e o funcionamento das empresas

Era uma sexta-feira de inverno, e o céu nublado cobria Saint-Émilion com uma aura de mistério. Já passava das duas da tarde quando chegamos ao Château Canon para a nossa última visita técnica com degustação. Assim que atravessamos os portões de pedra, fomos imediatamente envoltos pela serenidade e pelo encanto do local. As videiras estavam adormecidas, estendendo-se pela colina em linhas impecavelmente cuidadas, levando o olhar até a torre da igreja ao fundo, que emergia quase como uma sentinela sobre a paisagem. A névoa dava ao ambiente uma sensação de calma, mas também de grandeza atemporal, refletindo a profundidade do solo e do tempo que sustentavam aquele lugar.

Entramos no casarão do Château Canon, onde cada detalhe do ambiente evocava o luxo discreto da grife Chanel, proprietária da vinícola. Pediram-nos que não tirássemos fotos internas, preservando o ar de exclusividade e surpresa para os poucos hóspedes privilegiados que poderiam se hospedar ali. A caminhada pelo casarão nos levou a uma cozinha medieval e a estreitos corredores, até que chegamos à área de produção e às icônicas barricas de carvalho, em que o vinho repousa e amadurece em silêncio. Ali, contemplamos a biblioteca de garrafas antigas, um tributo vivo às grandes safras que moldaram a reputação do Château Canon. Estávamos imersos em uma atmosfera em que história, tradição e modernidade coexistiam em harmonia.

O ponto alto foi, sem dúvida, a degustação. Após subir as escadas de um prédio anexo, saímos para um terraço com uma vista impressionante de Saint-Émilion. Mesmo envolto em névoa, era impossível não se impressionar com a vista da torre da igreja e o cenário bucólico que nos rodeava. Ao entrar na sala de degustação, eu me deparei com algo que foi além do vinho: uma grande e imponente pintura em tons de cinza, pendurada na parede. Nela, uma videira estendia-se com seus dois braços no topo, ocupando uma pequena parte da tela, enquanto o caule e as raízes mergulhavam profundamente no solo, atravessando camadas complexas e heterogêneas. Meu insight foi imediato: esse é o iceberg da cultura organizacional! (Figura 1).

Na cultura organizacional, o que vemos na superfície — o crescimento e a produtividade — é apenas uma fração do que realmente acontece. Assim como as raízes da videira, a maior parte está abaixo da superfície, invisível, porém crucial. São as camadas profundas do solo, cheias de minerais e nutrientes, que alimentam as videiras e garantem que as uvas tenham a complexidade necessária para produzir vinhos excepcionais. A cultura de uma organização é alimentada pelas raízes invisíveis, valores, normas não declaradas e comportamentos intrínsecos que afetam a saúde e o sucesso da empresa.

Figura 1: Terroir e o iceberg cultural: essa analogia visual reforça a ideia de elementos visíveis e ocultos tanto na ciência do solo quanto na dinâmica organizacional.
Fonte: Lanzer (2020).

Essa analogia me levou a comparar a complexidade das organizações com a riqueza do terroir no universo vinícola. Assim como as camadas de solo afetam a qualidade das uvas — e, portanto, do vinho —, as múltiplas camadas da cultura organizacional moldam o ambiente de trabalho e influenciam profundamente a eficácia dos colaboradores. O terroir é a base invisível sobre a qual tudo se constrói, assim como a cultura organizacional nas empresas.

Quando pensamos no vinhedo, é fácil ver que a videira não cresce de forma eficiente em solo rico demais. Para que as uvas sejam concentradas e complexas, a videira deve ser desafiada, forçada a buscar nutrientes em profundidade. Esse processo cria uvas com caráter, ricas em sabor e, no caso das grandes vinícolas como o Château Canon, capazes de produzir vinhos que se tornam lendários. O mesmo princípio se aplica às empresas: culturas organizacionais superficiais podem produzir resultados rápidos, mas não sustentáveis. No entanto, uma cultura forte, fundamentada em valores sólidos e forjada no desafio, é a chave para um sucesso duradouro.

Neste capítulo, exploraremos como essa analogia entre terroir e cultura organizacional pode nos ensinar lições valiosas. Assim como o enólogo deve conhecer profundamente seu solo e seu clima para produzir o melhor vinho, os líderes empresariais devem entender e nutrir seus costumes organizacionais para garantir o sucesso sustentável. O terroir e a cultura não são resultados do acaso — são frutos de práticas conscientes, de anos de refinamento e de ajustes cuidadosos.

As melhores vinícolas não se contentam com o que está visível; elas olham para o que está abaixo da superfície, reconhecendo que é lá, nas profundezas, que a verdadeira magia acontece. Do mesmo modo, as empresas que investem em suas raízes culturais, que compreendem a importância de cultivar o invisível, tendem a criar organizações mais resilientes e bem-sucedidas.

Cada vez que um executivo abrir uma garrafa de vinho, espero que ele se lembre não apenas da qualidade do produto em suas mãos, mas também da complexidade invisível que molda sua própria organização. Afinal, assim como o terroir é fundamental para o vinho, a cultura organizacional é o alicerce de qualquer empresa bem-sucedida.

A complexidade das organizações pode ser comparada à riqueza do terroir no mundo da vitivinicultura. Tal como as camadas do solo influenciam a qualidade das uvas e dos vinhos, as diversas camadas da cultura organizacional afetam o ambiente de trabalho e a eficiência dos colaboradores. Este capítulo explora essa analogia, proporcionando uma compreensão mais profunda de como esses elementos podem ser gerenciados para maximizar o sucesso.

Para começar, pensemos em uma pergunta comum no mundo do vinho:

- como você definiria terroir de forma simples?

No contexto das empresas, uma questão quase tão complexa quanto seria:

- como você definiria a cultura organizacional?

Durante minhas visitas a vinícolas em Bordeaux, Califórnia, Chile e Portugal, e ao participar de cursos de sommelier, percebi que não há uma definição única para terroir. E, assim como no mundo do vinho, em que diferentes enólogos têm suas próprias interpretações, definir a cultura organizacional é igualmente desafiador. Cada líder pode fornecer uma perspectiva distinta, seja no âmbito da mesma organização, seja em cenários diversos, na academia ou em conferências de negócios. Portanto, neste capítulo, exploraremos as semelhanças entre terroir e cultura organizacional, reconhecendo a complexidade de cada conceito.

Terroir: conceito e aplicações

Jamie Goode, em seu livro *The science of wine*, descreve terroir como "a maneira pela qual o ambiente do vinhedo molda a qualidade do vinho".¹ Ele afirma: "É um sabor local, a posse de um vinho com um senso de lugar ou de 'algum lugar'." Em outras palavras, um vinho de um determinado pedaço de terra expressa características relacionadas ao ambiente físico no qual as uvas são cultivadas. Da mesma forma, a Associação Brasileira de Sommeliers (ABS/RS) define terroir como

> um conceito que remete a um espaço onde se desenvolve um conhecimento coletivo das interações entre o ambiente físico, biológico e as práticas enológicas aplicadas, proporcionando características distintas aos produtos originários desse espaço.²

Outra perspectiva é a que o professor Guilherme Pinz (geólogo e sommelier profissional) traz em seu livro *Sua excelência o Terroir – fascinante mundo dos vinhos*:

> O terroir em sua essência nada mais é do que um compartimento que possui vida e dinamismo próprios, com seus componentes se relacionando intrinsecamente; fornecendo o elemento de vida para outro componente e vice e versa, num ciclo fechado de tempo contínuo e ininterrupto (dentro do tempo geológico, não o do tempo humano).³

Entretanto, na prática, terroir significa coisas diferentes para diferentes pessoas. Pode se referir ao "senso de lugar", em que o vinho expressa características de sabor influenciadas pelas propriedades do vinhedo ou da região de origem. Por exemplo, vinhos produzidos com uvas de diferentes partes do mesmo vinhedo podem ter sabores distintos. Além disso, vinhos de regiões geográficas maiores, como Pinot Noirs da Borgonha comparados com Pinot Noirs da Califórnia, também exibem características diferenciadas, refletindo os fatores naturais e humanos envolvidos no processo. De acordo com Goode:

> Jeffrey Grosset, da região de Clare Valley, na Austrália, argumenta que a produção de vinho não faz parte do terroir, mas acredita que uma má arte da vinicultura pode interferir em sua expressão, enquanto uma boa elaboração de vinho pode permitir uma expressão pura.[1]

O papel do terroir e da cultura organizacional

Agora, refletindo sobre o terroir no contexto organizacional, vemos que ele pode ser comparado à cultura de uma empresa. Assim como o terroir engloba fatores naturais como solo, clima e práticas de manejo, o éthos organizacional envolve valores, normas e comportamentos que moldam o ambiente de trabalho. A cultura, como o terroir, é formada por elementos visíveis e invisíveis, e ambos têm um impacto profundo nos resultados – seja na produção de um vinho, seja no sucesso de uma empresa.

Fernando Lanzer, em seu livro *Clima e cultura organizacional: entender, manter e mudar*, define a cultura organizacional como "o conjunto de valores e normas escritas e não escritas que dão a um grupo de pessoas a noção do que é certo e errado, do que é aceito e não aceito naquele grupo."[4] De forma semelhante ao terroir, que abrange a complexidade do ambiente vinícola, a cultura organizacional regula o comportamento dos membros da empresa e define o que é considerado adequado ou inadequado.

Para ilustrar o conceito de terroir na prática: imagine uma propriedade com três diferentes sítios de vinhedos: um plano, um em uma encosta voltada para o sul e outro em uma encosta voltada para o norte. Supondo que todos os vinhedos compartilhem a mesma geologia e práticas de cultivo, mas cada um produza vinhos com sabores distintos, estaremos observando o terroir em ação. Isso ocorre porque fatores como inclinação, orientação e tipo de solo influenciam o crescimento das uvas e, consequentemente, o sabor do vinho. Essa variação reflete as diferenças culturais dentro de uma empresa, em que diferentes departamentos ou equipes podem desenvolver subculturas distintas, influenciando seu desempenho e comportamento. Pense em uma equipe de marketing que adota uma abordagem ousada e criativa, outra pode trabalhar de forma mais estruturada, ou, dentro de equipes como o time de finanças, pode-se priorizar a precisão e a cautela, pois o objetivo maior da empresa é crescer em vendas garantindo uma ótima margem. Essas diferenças podem criar um ambiente vibrante e dinâmico, no qual as ideias se cruzam e se complementam, mas também podem gerar conflitos se não houver uma compreensão mútua. Essa diversidade de estilos e valores, assim como no terroir, é essencial para o crescimento e sucesso organizacional.

A metáfora do iceberg, apresentada por Fernando Lanzer, ilustra essa dinâmica. A parte visível do iceberg representa os valores e normas declarados, enquanto a parte submersa simboliza os valores subjacentes e as práticas cotidianas. No terroir, a parte invisível, como a composição do solo, é crucial para o resultado. Da mesma forma, na cultura organizacional, aspectos invisíveis, como normas não escritas e atitudes subjacentes, são fundamentais na formação do ambiente de trabalho.

O papel da cultura organizacional nas empresas

Assim como o terroir é crucial para a qualidade de um vinho, a cultura organizacional é essencial para o sucesso de uma empresa. Peter Drucker, renomado consultor de gestão, uma vez disse: "A cultura devora a estratégia no café da manhã." Essa frase destaca a importância da cultura nas empresas, ressaltando que, independentemente das estratégias elaboradas pelos executivos, é a cultura que dita o comportamento e as ações diárias dos colaboradores.

Ben Horowitz, em seu livro *Você é o que você faz: como criar a cultura da sua empresa*, usa a analogia dos samurais para explicar que a cultura é um "código de ação, não como um sistema de valores, mas virtude."[5] Ele argumenta que muitos esforços de criação de "valores corporativos" falham porque se concentram mais no que está escrito do que nas ações reais. Segundo Horowitz, "em termos de cultura, os conceitos não significam quase nada, pois somos o que fazemos", isto é, que somos definidos por nossas ações.[5]

A cultura organizacional, como o terroir, pode ser diagnosticada, entendida e modificada de maneira intencional e deliberada. No entanto, esse processo exige tempo, esforço e, sobretudo, uma compreensão profunda dos valores subjacentes que orientam o comportamento dos líderes e colaboradores.

Outro aspecto ao comparar terroir e cultura organizacional é o clima, tanto no sentido meteorológico quanto no ambiente de trabalho. O ambiente organizacional pode alterar-se rapidamente devido a eventos como recordes de vendas, prêmios ou crises, assim como o tempo em uma região vinícola pode ser influenciado por geadas, chuvas ou secas. Um ditado popular diz: "A cultura é, o clima está." Isso significa que, enquanto a cultura é algo mais profundo e enraizado, o clima é dinâmico e pode ser alterado com mais facilidade.

No contexto das empresas, o clima organizacional pode ser monitorado e ajustado, assim como os viticultores podem se preparar para as oscilações climáticas, utilizando ferramentas e dados confiáveis para tomar decisões estratégicas.

Assim como um terroir excepcional pode produzir vinhos de alta qualidade, uma cultura organizacional sólida pode levar uma empresa ao sucesso. No entanto, um bom terroir não é garantia de um vinho excelente, e, da mesma forma, uma cultura forte precisa estar alinhada às estratégias e aos produtos da empresa para que os resultados sejam efetivos.

A maior ameaça à cultura de uma empresa é um período de crise, quando a sobrevivência está em jogo. Nesse momento, a verdadeira força da cultura é testada, assim como a resiliência de um terroir é desafiada pelas adversidades climáticas. Como diz Ben Horowitz: "Ninguém pode matar quem já está morto." Se uma empresa já aceitou o pior resultado possível, ela não tem nada a perder e pode usar sua cultura como força motriz para superar desafios.[5]

Em última análise, tanto no mundo dos vinhos quanto no dos negócios, a cultura terroir é a força mais poderosa e fundamental. Um excelente terroir requer ajustes e investimentos constantes para transformar um vinho simples em obra-prima. Isso também se aplica às empresas: uma cultura bem cultivada converte desafios em oportunidades.

Uma revisão sistemática da literatura feita por Tadesse Bogale et al. (2024) traz diversas definições ao longo do tempo e segundo diversos autores, e a falta de consenso sobre a inclusão de dimensões específicas em todos os estudos ressalta a complexidade e a subjetividade na definição da cultura organizacional. Uma delas traz Geert Hofstede, um renomado antropólogo, que definiu a cultura organizacional como "a programação coletiva da mente que distingue os membros de uma organização de outra". Esta definição destaca como os valores subjacentes, que são muitas vezes invisíveis, moldam as atitudes e os comportamentos dentro de uma empresa.[6] No mundo da vitivinicultura, o terroir não se refere apenas ao solo, mas também ao clima, à paisagem e às práticas de cultivo que são exclusivas de uma região. Da mesma forma, a cultura organizacional é influenciada por um conjunto complexo de fatores, incluindo a história da empresa, sua missão, valores, normas e o estilo de liderança.

O perfil do solo de uma vinha possui múltiplas camadas. Cada uma contribui de forma única para o crescimento da videira. Similarmente, as organizações possuem estratos visíveis e ocultos que impactam o desempenho de seus funcionários. Edgar Schein, outro influente pensador no campo da cultura organizacional, categorizou essas camadas em três níveis: artefatos (visíveis), valores declarados (conscientes) e suposições básicas (inconscientes). A compreensão desses níveis é crucial para líderes e funcionários, pois facilita a navegação e a adaptação dentro da empresa.

As estratégias práticas para navegar no terroir organizacional são:

- **Entendimento cultural**
  Assim como um terroir deve ser bem conhecido para entender suas características únicas, os funcionários podem se beneficiar de entender a cultura organizacional, identificando os valores, normas e comportamentos que são promovidos.
- **Feedback e reflexão**
  Da mesma forma que os viticultores ajustam suas práticas com base nas condições do solo e do clima, os profissionais devem buscar feedbacks constantes e refletir sobre suas experiências para melhor se adaptar à cultura organizacional.
- **Desenvolvimento e treinamento**
  Investir em desenvolvimento e treinamento pode ser comparado ao enriquecimento do solo, essencial para o crescimento robusto das videiras. Programas de desenvolvimento ajudam a alinhar os valores dos funcionários com os da organização, promovendo um ambiente de trabalho mais coeso e produtivo.

Este capítulo revelou como uma compreensão profunda das camadas culturais, tanto em vitivinicultura quanto em ambientes corporativos, pode levar a uma gestão mais eficaz e a resultados mais ricos. Ao aprender com os especialistas e aplicar suas estratégias, líderes e funcionários podem prosperar em seus respectivos terroirs, colhendo os frutos de um ambiente bem cultivado e estrategicamente alinhado.

Aspecto	Terroir	Cultura organizacional
Definição	Conjunto de fatores naturais (solo, clima, geologia) e práticas de manejo que moldam a qualidade do vinho.	Conjunto de valores, normas e comportamentos que moldam o ambiente de trabalho e a eficácia organizacional.
Elementos visíveis	Características físicas do vinhedo, como clima e tipo de solo, e práticas de cultivo.	Valores e normas declarados, como missões, políticas e códigos de conduta da empresa.
Elementos invisíveis	Composição do solo, microrganismos e microclimas que afetam indiretamente o vinho.	Normas não escritas, atitudes subjacentes e cultura "real" que influenciam o comportamento diário.
Impacto no resultado	Determina o sabor, aroma e qualidade do vinho.	Determina o comportamento dos colaboradores e o sucesso da empresa.
Variação e subculturas	Diferenças de terroir em diferentes partes de um vinhedo levam a vinhos com características distintas.	Diferentes departamentos ou equipes podem desenvolver subculturas distintas que influenciam o desempenho.
Importância na qualidade	Um terroir excepcional pode produzir vinhos de alta qualidade, mas precisa de manejo adequado.	Uma cultura organizacional forte pode levar a empresa ao sucesso, mas precisa estar alinhada com a estratégia.

(continua)

(cont.)

Aspecto	Terroir	Cultura organizacional
Resiliência e desafios	A resiliência do terroir é testada por adversidades climáticas, como geadas ou secas.	A resiliência da cultura organizacional é testada em momentos de crise, afetando a sobrevivência da empresa.
Clima	O clima influencia diretamente o terroir e pode mudar rapidamente, afetando a safra.	O clima organizacional pode mudar rapidamente devido a eventos internos ou externos, afetando a moral e o desempenho.
Processo de evolução	O terroir pode ser aprimorado ao longo do tempo com práticas vitícolas adequadas.	A cultura organizacional pode ser diagnosticada, entendida e modificada para se alinhar melhor com os objetivos da empresa.
Frase de referência	"Um terroir bom não garante um vinho excelente, mas é uma base crucial." – Jamie Goode	"A cultura devora a estratégia no café da manhã." – Peter Drucker

Cases práticos: a evolução dos segundos vinhos em Bordeaux e a transformação ágil

A evolução dos segundos vinhos em Bordeaux

Em meados dos anos 2000, os segundos vinhos de Bordeaux, os rotulados como *second wines*, não gozavam de grande prestígio. Muitos críticos e apreciadores viam essas bebidas como de qualidade inferior, frequentemente caracterizadas como diluídas demais para suas denominações ou ásperas demais para quem buscava vinhos para envelhecer ou degustar. Eram consideradas uma opção mais econômica, um "segundo mercado" para consumidores menos experientes, que se sentiam seguros, mas essa segurança era muitas vezes ilusória. Comerciantes, compreendendo a falta de conhecimento do consumidor, pouco faziam para esclarecer as diferenças entre o primeiro e o segundo vinho.

No entanto, os segundos vinhos desempenham um papel crucial na produção de vinhos de alta qualidade. Em Bordeaux, embora uma vinícola tenha o direito de vender toda a sua produção sob o nome da propriedade, os enólogos sabem que, dentro de uma colheita, os lotes podem variar significativamente em qualidade. Alguns vinhedos produzem uvas excepcionais, enquanto outros, devido à juventude das videiras, solos menos favoráveis ou condições climáticas desfavoráveis, podem não alcançar o mesmo nível de qualidade.

A solução para esses lotes menos expressivos foi criar um segundo vinho, comercializado com um nome diferente do Château, permitindo que as propriedades mantivessem a integridade e a qualidade do primeiro vinho enquanto utilizavam as uvas que, de outra forma, poderiam comprometer o produto principal. Um exemplo clássico dessa abordagem é o Pavillon Rouge do Château Margaux, que surgiu em 1908 como o segundo vinho da propriedade, garantindo que apenas as melhores uvas fossem usadas para o vinho principal.

Nos anos 1990 e 2000, o mercado de vinhos genéricos começou a declinar, com os consumidores buscando referências mais específicas e confiáveis. Os segundos vinhos, inicialmente vistos como uma opção econômica e para um público menos exigente, passaram a ganhar atenção à medida que a qualidade e a compreensão do público se aprimoraram.

Esse refinamento não ocorreu de imediato, e foi apenas no início da década de 2010 que Bordeaux começou a colher os frutos dessa nova abordagem. Em 2016, muitos segundos vinhos finalmente alcançaram um padrão que os tornava não apenas agradáveis, mas também desejáveis. Pela primeira vez, os consumidores podiam encontrar segundos vinhos que ofereciam uma experiência genuinamente prazerosa a um preço acessível. Vinhos como Les Fiefs, de Lagrange, e Pavillon Rouge, de Château Margaux, começaram a se destacar não apenas como alternativas mais econômicas, mas como expressões válidas do terroir e do estilo da vinícola.

Hoje, é possível afirmar que os segundos vinhos de Bordeaux nunca foram tão bons. Adegas como Château Latour, com sua terceira bebida, Pauillac de Latour, mostram que uma segunda ou terceira marca pode ter sua própria identidade e personalidade, diferente da primeira garrafa, mas digna igualmente de apreciação. Este vinho, por exemplo, é vinificado com menos extração tânica e com maior proporção de Merlot, oferecendo uma doçura imediata que o torna agradável desde jovem.

A transformação dos segundos vinhos em Bordeaux oferece uma lição valiosa para o mundo corporativo. Assim como as vinícolas aprenderam a valorizar seus vinhos alternativos, as empresas podem aprender a não subestimar o potencial de suas linhas de produtos subsequentes ou de suas "equipes complementares". Com dedicação, rigor e uma visão clara de onde cada componente do negócio se encaixa, é possível transformar o que antes era visto como subproduto em algo de valor próprio.

Essa evolução também reflete a importância da cultura organizacional e do terroir — seja no vinhedo, seja na empresa. Um terroir bem trabalhado, assim como uma cultura organizacional sólida, pode elevar a qualidade do que é produzido em todos os níveis. O que antes era uma segunda opção agora se torna uma escolha válida, apreciada e, em muitos casos, admirada.

Então, da próxima vez que abrir uma garrafa de vinho, lembre-se: o que está no seu copo pode ser o resultado de anos de refinamento, tanto no solo quanto na mente daqueles que trabalham com paixão, seja nas vinícolas de Bordeaux, seja nas salas de reuniões corporativas. Afinal, tanto no vinho quanto nos negócios, o segredo do sucesso muitas vezes reside nos detalhes e na capacidade de transformar o bom em algo excepcional.

A transformação ágil

Imagine uma empresa tradicional, com mais de cem anos de história e presença global, tentando se transformar em uma organização ágil praticamente de forma repentina. Com processos bem estruturados e uma hierarquia rígida, essa transição parecia, à primeira vista, uma tarefa desafiadora, mas viável. Contudo, a realidade foi mais complexa.

Em geral, os livros e estudos de caso sobre transformação ágil e implementação de projeto Scrum tendem a focar os casos de sucessos. No entanto, pretendo compartilhar uma história que, após cinco anos de implementação, não se revelou bem-sucedida. Este relato tem o objetivo de alertá-lo das armadilhas que podem surgir ao tentar mudar rapidamente a cultura de uma organização.

Antes de mergulharmos na história, é importante compreender o conceito de agilidade. A metodologia ágil é uma filosofia de trabalho em que times auto-organizados operam em ciclos rápidos, buscando inovações constantes. Hoje, praticamente toda grande empresa possui equipes ágeis trabalhando para melhorar a experiência do cliente e otimizar processos internos.[7]

A agilidade chegou ao mainstream da gestão corporativa porque promete algo que grandes organizações lutam para alcançar: **a inovação rápida em ambientes tradicionalmente burocráticos**. Sabemos que 85% dos desenvolvedores de software utilizam técnicas ágeis em seu trabalho, mas seu sucesso não está limitado a este segmento de mercado e pode ser usado em qualquer área de negócio. A disseminação do modelo é compreensível, pois, em teoria, ele aumenta a produtividade, reduz o desperdício e melhora a satisfação tanto dos clientes quanto dos profissionais.

Agora, imagine tentar implementar essa filosofia em uma empresa que, por mais de um século, operou sob uma estrutura hierárquica e rigidamente definida. A empresa em questão, com uma base de funcionários bem estabelecida e um legado de práticas tradicionais, decidiu que era hora de mudar. Porém, as complicações surgiram logo no início.

Uma transformação ágil não se limita a alterar a metodologia, implica também uma mudança na mentalidade. Como Jeff Sutherland apresenta em seu livro *Scrum: a arte de fazer o dobro do trabalho na metade do tempo*: "Requer treino e atenção, mas também um esforço contínuo para se chegar a um novo estado — um estado em que as coisas apenas fluam e aconteçam."[11] Essa agilidade requer equilíbrio entre burocracia e inovação, substituição de hierarquia por autonomia e orientação do desenvolvimento baseada no feedback dos clientes. Infelizmente, essa empresa subestimou o quanto essas mudanças desafiavam a cultura enraizada.

Os líderes da empresa assumiram que centenas de funcionários, muitos sem qualquer experiência ou conhecimento sobre agilidade, se adaptariam rapidamente ao novo modelo. A realidade, no entanto, foi outra. Nos primeiros anos, tínhamos uma alta rotatividade de funcionários, e as novas contratações recebiam apenas treinamentos básicos sobre agilidade e sua metodologia. Contudo, não adquiriram um entendimento profundo do que isso significava na prática.

As armadilhas do dia a dia

Um time multidisciplinar, ou *squad*, foi formado para desenvolver uma solução para um grande cliente na área da saúde. Apesar de todos se considerarem "agilistas", os problemas logo apareceram. Na teoria, as reuniões de *sprint* semanais — que deveriam garantir a evolução contínua do projeto — começaram a desvendar um cenário desafiador: o famoso Work in Progress (WIP) se tornou um problema por resolver.

A mentalidade ágil rejeita o WIP, pois tarefas inacabadas consomem tempo, energia e recursos sem contribuir efetivamente. No entanto, devido à resistência cultural e à estrutura hierárquica ainda dominante, muitas tarefas planejadas ficavam paradas. Os membros da equipe, que dedicavam apenas 20% do seu tempo ao *squad*, priorizavam suas responsabilidades tradicionais e, quando precisavam de aprovação de seus líderes, enfrentavam atrasos ou pedidos de mais informações. Isso evidenciou que, apesar do discurso sobre agilidade, a empresa ainda operava, na prática, sob um modelo hierárquico.

O resultado: um produto mínimo viável (MVP) que deveria ser desenvolvido em semanas levou dez meses para ser finalizado, e o feedback do cliente foi negativo. O que deveria ser uma cocriação que gerasse satisfação acabou causando frustração, tanto interna quanto externamente.

Os cinco principais aprendizados são:
- *Time ágil é o coração da abordagem ágil.* Se os líderes não entenderem como uma equipe ágil funciona, será difícil desenvolver a agilidade em larga escala por toda a organização.
- *Feedback do cliente é crucial.* Times ágeis acreditam que o feedback real dos clientes é mais valioso do que as suposições da gerência na hora de decidir quais esforços de inovação são mais importantes.
- *Sprints não são para trabalhar mais rápido.* Eles existem para acelerar o feedback dos clientes e entender o que realmente importa para eles.

- *A resistência burocrática é um desafio real.* A liderança precisa tirar as barreiras e a resistência invisível que surgem quando burocratas hesitam em ceder o controle.
- *Cultura é prática, não teoria.* A cultura organizacional não é definida apenas pelo que é declarado, mas pelo que é vivido no dia a dia. Essa é a grande armadilha no mundo corporativo.

O impacto da metodologia ágil no clima organizacional

Continuando o caso descrito, imagine o impacto emocional nas equipes e as frustrações que surgiram quando, apesar dos esforços, os resultados não foram atingidos e os objetivos pareciam distantes. Embora os problemas de comunicação e colaboração em silos crescessem, as pessoas se desconectavam do propósito maior. Sentiam-se isoladas em seus nichos, sem entender como seu trabalho se encaixava na organização. O que deveria ser positivo, trazer felicidade e gerar mais resultados, devido àquilo que discutimos anteriormente — a parte não visível da cultura — acabou gerando o efeito oposto.

No ambiente empresarial, especialmente quando se implementa um novo modelo como o ágil, os primeiros sinais de falhas nas relações interpessoais costumam ser sutis. Contudo, com o tempo, elas se tornam visíveis. A demora nas decisões cria um sentimento de impotência e frustração, enquanto a falta de *accountability* impede que as pessoas se sintam verdadeiramente responsáveis pelo sucesso ou fracasso.

Imagine um time de vinificação em uma vinícola. Se cada parte do processo de produção do vinho atua isoladamente, sem efetiva comunicação entre campo, laboratório e enólogo, a qualidade do vinho final fica comprometida. A excelência depende da sinergia entre todos. Cada detalhe, do cuidado com as uvas à temperatura exata da fermentação, precisa ser considerado. No contexto empresarial, a situação é similar: equipes que operam em silos não conseguem entregar o máximo de sua capacidade, e isso produz resultados aquém do esperado.

Em nosso caso, é fácil visualizar o efeito colateral dessa desconexão. O grupo trabalhava para alcançar suas metas individuais, os objetivos da organização em sua totalidade se perdiam. A falta de uma visão compartilhada, somada à ausência de processos de colaboração, levou a um ambiente de tensão e desmotivação. Nesse ponto, a pergunta que deixamos para você refletir é: como cada um desses indivíduos se sentiu ao ver que, mesmo trabalhando duro, os objetivos não estavam sendo atingidos?

"No Scrum quando executado de maneira correta, faz com que as pessoas, clientes, líderes fiquem felizes", este é o pensamento de Sutherland, e ele continua:

> O que gera excelência? Em sua essência, os seres humanos querem ser grandes. As pessoas querem fazer algo que tenha propósito, querem tornar o mundo um lugar melhor, ainda que só um pouquinho.[11]

Trabalhar em silos é uma armadilha frequente em empresas que estão tentando adotar uma transformação cultural. Em vez de promover a colaboração e a troca constante de informações entre departamentos, as equipes se isolam, cada uma focada em suas próprias prioridades, sem alinhar seus esforços com o todo. Isso cria barreiras físicas e emocionais, gerando frustração e desmotivação. A falta de integração e de uma perspectiva compartilhada transformam-se em uma barreira quase invisível, muito poderosa, que bloqueia o fluxo de ideias, a inovação e, principalmente, o espírito colaborativo.

Nos próximos capítulos, vamos explorar essas questões mais profundamente ao falarmos sobre organizações que aprendem e também sobre a parte da diversidade. O aprendizado organizacional vai muito além de treinamentos técnicos; ele envolve a compreensão das emoções e do comportamento humano no ambiente de trabalho. O ambiente corporativo e as relações interpessoais desempenham um papel fundamental na execução de qualquer estratégia, especialmente quando se trata de transformações empresariais, quando a mudança para um modelo ágil é o foco.

Um spoiler importante: o que causa esses padrões de comportamento? Por que, mesmo quando a estratégia está clara, as pessoas falham em executá-la de maneira eficaz? É aqui que entramos no campo das dinâmicas humanas, das frustrações e, muitas vezes, do medo do fracasso. A falta de uma cultura de feedback aberto, no qual as questões emocionais e as relações entre colegas possam ser abordadas de maneira construtiva, amplifica essas barreiras. Assim como no processo de vinificação, no qual o controle preciso de cada etapa é fundamental para o sucesso, nas empresas, é crucial manter a clareza sobre como as pessoas estão se sentindo e como isso impacta a execução.

Construindo uma cultura de feedback e alinhamento

Peter Senge, em seu clássico livro *A quinta disciplina*, argumenta que organizações que aprendem "são aquelas que estão em constante evolução, dispostas a se adaptar não apenas no nível técnico, mas no nível humano".[8] No caso que estamos discutindo, a falta de aprendizado organizacional impediu que as equipes percebessem rapidamente onde estavam falhando — tanto em termos de execução quanto em comunicação. Quando uma organização adota o modelo ágil, ela precisa, ao mesmo tempo, adotar uma mentalidade de aprendizagem contínua, na qual as falhas são vistas como oportunidades de crescimento e as vitórias são compartilhadas por todos.

"Como essas pessoas se sentiram ao longo do processo?" Essa é uma pergunta crítica, pois, no final do dia, são os indivíduos — com suas emoções, expectativas e frustrações — que fazem o trabalho acontecer. Entender esses sentimentos é a chave para transformar a cultura organizacional e promover um ambiente em que a inovação e a colaboração florescem de verdade.

Outro ponto que será abordado nos capítulos futuros é o impacto da diversidade na dinâmica de equipes ágeis. Equipes diversas — em termos de habilidades, pensamentos ou experiências — são mais preparadas para inovar e resolver problemas complexos. No entanto, quando essa diversidade não é reconhecida e bem administrada, ela pode aumentar o atrito e os conflitos.

Voltaremos a discutir como a falta de diversidade de pensamento e a ausência de inclusão efetiva podem agravar ainda mais a fragmentação do trabalho em silos. Quando as vozes não são ouvidas, o resultado é uma falta de comprometimento coletivo e, em última análise, o fracasso da implementação da estratégia.

Este caso nos leva a refletir sobre a importância de construir uma cultura de feedback honesto e regular dentro de qualquer organização. Revisões constantes e o alinhamento entre times e indivíduos são a base para o ambiente de alto desempenho. No mundo dos vinhos, como na estratégia empresarial, cada detalhe conta, e uma pequena falha em qualquer uma das etapas pode comprometer o resultado.

No próximo capítulo, abordaremos a superação de desafios para criar uma cultura organizacional. Nela, o feedback é bem-vindo, e a colaboração entre equipes é a norma. Além disso, cada pessoa ou grupo encontrará um propósito significativo em suas tarefas diárias.

Deixe que esse caso fique em sua mente enquanto avançamos. Pergunte-se: o que causa os padrões de comportamento dentro de sua própria organização? Como você pode, como líder ou membro de uma equipe, ajudar a transformar a cultura organizacional para que cada indivíduo tenha voz e, mais importante, para que todos sintam que estão caminhando juntos em direção ao mesmo objetivo?

O modelo ágil e os três horizontes de crescimento: uma jornada para a inovação contínua

A implementação de um modelo ágil dentro de uma empresa é um desafio complexo, mas cheio de potencial transformador. Muitas vezes, ao iniciar a jornada de inovação, pode surgir um entusiasmo que leva à impressão de que "agora tudo é ágil, tudo é inovação". Esse entusiasmo é natural, mas precisa ser gerido com sabedoria.

Quando implementamos esse modelo, em 2018, em uma organização no Chile, nossa surpresa foi descobrir que tínhamos mais de vinte times formados e mais de cinquenta projetos em andamento. Primeiro, isso gerou sobrecarga em todas as pessoas, e muitas estavam trabalhando em até cinco projetos, o que, como sabemos pela literatura (mas infelizmente desprezamos esses dados), diminui o desempenho em todos eles, além de gerar desperdícios. No final, vários desses projetos não foram concluídos. Você pode pensar: "Isso é básico, não?" Sim, é básico, mas tenho certeza de que isso acontece com muitos de vocês.

A fim de evitar essas armadilhas comuns — como a sobrecarga de iniciativas ou a falta de foco —, é importante adotar uma abordagem estruturada para a inovação, um dos modelos mais eficazes para esse propósito é o Modelo dos Três Horizontes de Crescimento, criado por Coley, Baghai e White em 1999.[9]

Esse modelo oferece uma forma clara de pensar sobre a inovação e o crescimento, dividindo o desenvolvimento estratégico em três horizontes distintos: horizonte 1 (negócios centrais), horizonte 2 (negócios em crescimento rápido) e horizonte 3 (novos negócios). Cada horizonte tem um papel específico dentro da organização, e, juntos, eles ajudam a garantir que a empresa esteja preparada tanto para o presente quanto para o futuro. Empresas ágeis devem operar nesses três horizontes simultaneamente, balanceando os recursos e iniciativas para garantir o crescimento sustentável e a inovação contínua (Figura 2).[10]

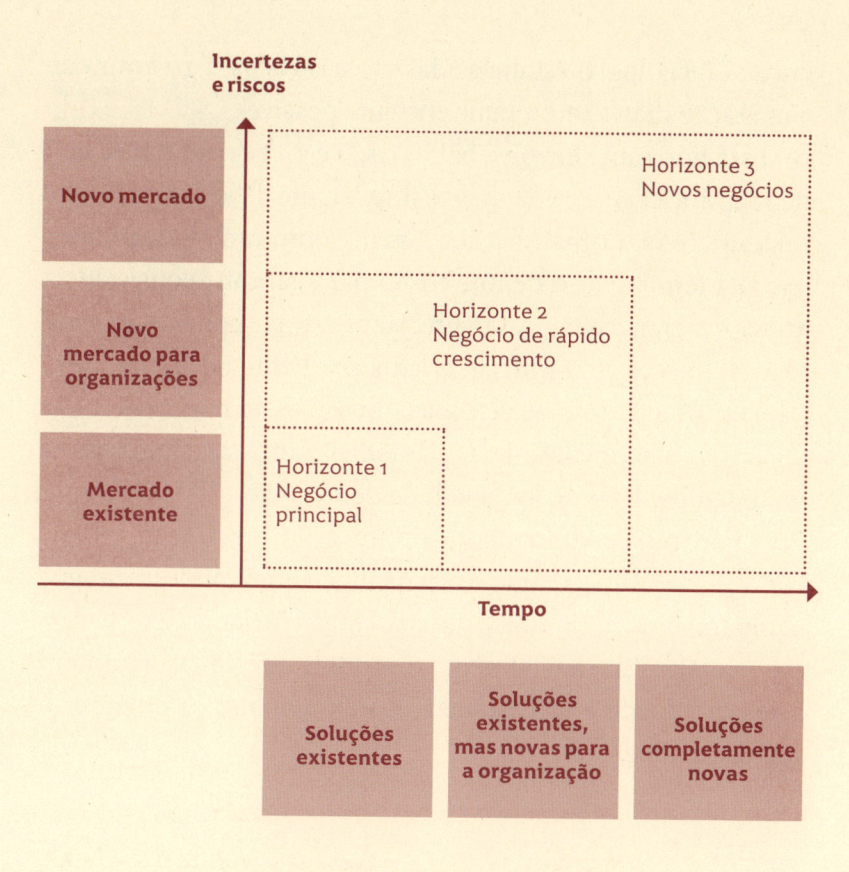

Figura 2: A definição dos três horizontes.
Fonte: Adaptada de Stoppelenburg (2018).[10]

Horizonte 1:
Core business, o núcleo do negócio – foco no presente

Horizonte 1 é o alicerce da empresa. Ele se refere ao negócio central, no qual a maior parte das receitas é gerada e os produtos e serviços já estão consolidados. O foco aqui é defender e expandir o mercado existente, utilizando inovações incrementais para otimizar processos, melhorar produtos e reduzir custos. Tecnologias estabelecidas são usadas para garantir que a operação diária seja a mais eficiente possível.

Este horizonte envolve baixo risco e alta certeza, mas isso não significa que ele seja menos importante. Pelo contrário, ele sustenta toda a organização. Assim como um enólogo aperfeiçoa a fermentação de um vinho para garantir consistência ano após ano, as empresas precisam refinar constantemente seus processos para entregar valor ao cliente de forma previsível e eficiente. Muitas vezes, as inovações no horizonte 1 são melhorias incrementais, mas elas têm um impacto significativo no desempenho e na longevidade do negócio.

Exemplo prático: pense em uma vinícola que otimiza o controle de temperatura nas fermentações ou moderniza seus equipamentos para uma produção mais eficiente. Esses avanços não alteram radicalmente o produto final, mas garantem a sua qualidade e consistência, fundamentais para manter o sucesso no mercado.

Horizonte 2:
Crescimento rápido – explorando o novo

Horizonte 2 é onde o crescimento acelerado começa a tomar forma. Aqui, a empresa explora novos mercados e adapta seus produtos e serviços existentes para diferentes contextos. Isso pode envolver a criação de novos modelos de negócios ou a adaptação de soluções para atender a novos tipos de clientes, utilizando a infraestrutura já existente, mas de maneiras inovadoras. Neste horizonte, o risco é maior do que no horizonte 1, mas ainda gerenciável.

A característica importante do horizonte 2 é a experimentação. Empresas precisam estar dispostas a correr riscos controlados, testando novas abordagens que podem não ter um sucesso garantido, mas que têm o potencial de gerar retornos significativos. É como quando uma vinícola decide experimentar um novo tipo de barril para envelhecer o vinho ou tenta uma nova técnica de poda nas vinhas. O objetivo aqui é alcançar um mercado mais amplo, oferecendo algo familiar, mas com um toque de novidade.

Exemplo prático: no setor vinícola, seria a exploração de novos mercados internacionais com vinhos feitos a partir de uvas nativas. Essas vinícolas continuam a utilizar suas habilidades tradicionais, mas exploram novas maneiras de diferenciar seu produto e conquistar novos consumidores em mercados emergentes.

Horizonte 3:
Novos negócios – criando o futuro

O horizonte 3 é o mais arriscado e também o mais visionário. Aqui, a empresa investe em tecnologias novas e cria novos mercados. Trata-se de um território em que a incerteza é alta, e o sucesso não é garantido. No entanto, é nesse horizonte que surgem as grandes inovações disruptivas, aquelas que podem transformar indústrias inteiras. É onde startups florescem dentro de grandes empresas e os empreendedores mais arrojados apostam em ideias que podem parecer visionárias ou até arriscadas no presente, mas que moldam o futuro.

Este horizonte exige que a empresa tenha a coragem de se afastar do negócio central e criar uma estrutura organizacional flexível, quase independente, para explorar essas novas possibilidades. No mundo da vinificação, seria como quando um produtor decide adotar técnicas novas de fermentação com leveduras selvagens ou investe em vinhedos em regiões não convencionais, como a técnica da dupla poda no Brasil, que mudou a lógica da colheita tradicional, permitindo vinhos de alta qualidade em climas desafiadores.

Exemplo prático: um exemplo recente na vinicultura seria o desenvolvimento de vinhos biotecnológicos ou de fermentação totalmente natural, que atraem um mercado jovem e ambientalmente consciente. Esses vinhos, feitos com técnicas inovadoras, abrem portas para um mercado que nem existia.

Integração dos três horizontes: a estratégia ágil e equilibrada

Um dos maiores desafios das empresas ágeis é operar simultaneamente nesses três horizontes, equilibrando o presente e o futuro sem perder o foco. Como mostra o gráfico a seguir, cada horizonte lida com diferentes níveis de risco e incerteza e requer diferentes tipos de recursos e atenção.

O horizonte 1 trata de garantir a sobrevivência e o sucesso contínuo do negócio existente. O horizonte 2 expande o alcance da empresa para novos contextos e mercados, explorando oportunidades adjacentes ao seu negócio principal. O horizonte 3 é onde a disrupção ocorre, onde a empresa se arrisca a perder o controle do presente em busca de uma posição dominante no futuro.

Na vinificação, o equilíbrio de fatores como controle de temperatura, tempo de fermentação e escolha de uvas define o sucesso do produto final. Analogamente, o equilíbrio entre três horizontes é crucial para o sucesso estratégico de uma empresa. A falha em prestar a devida atenção a qualquer um desses panoramas pode levar à estagnação ou, pior, à retirada do negócio do mercado. Por outro lado, a execução bem-sucedida desses três horizontes pode garantir que a empresa não só prospere no presente, mas também esteja preparada para moldar o futuro.

Recomendações para o futuro

Para garantir o funcionamento eficaz do modelo dos três horizontes, seguem algumas recomendações.

- *Foco em pessoas e desenvolvimento*: não basta investir em tecnologias e processos. O sucesso do modelo ágil depende de equipes capacitadas para inovar e executar. A empresa precisa de um planejamento robusto de desenvolvimento de pessoas para que elas estejam prontas para enfrentar os desafios de todos os horizontes.
- *Capacidade de adaptação*: na vinificação, o enólogo ajusta os processos conforme as mudanças climáticas e características da safra. Similarmente, as empresas devem ajustar suas estratégias rapidamente conforme o mercado muda.
- *Revisão contínua de prioridades*: ao operar nos três horizontes, é fundamental revisar constantemente as prioridades, certificando-se de que os recursos estejam sendo alocados de forma adequada. É fácil se distrair com inovações disruptivas no horizonte 3, mas é importante lembrar que o sucesso de longo prazo também depende da solidez no horizonte 1.

- *Criação de ambientes seguros para inovação*: empresas ágeis devem incentivar a experimentação, especialmente no horizonte 3, mas devem criar uma estrutura operacional que permita o fracasso controlado. Isso significa ter startups internas ou departamentos dedicados à inovação, longe da burocracia do negócio principal.

Referências

1. GOODE, J. *The science of wine*: from vine to glass. 3. ed. Berkeley: University of California Press, 2014. p. 27.
2. ABS RS Material curso Sommelier Turma 6.
3. PINZ, G. *Sua excelência o terroir, o fascinante mundo do vinho*. Porto Alegre: Wonderful, 2020. p. 13-14.
4. LANZER, F. *Clima e cultura organizacional*: entender, manter e mudar. Edição do Kindle. p. 22.
5. HOROWITZ, B.; CIPOLLA, M. B. *Você é o que você faz*: como criar a cultura da sua empresa. São Paulo: WMF Martins Fontes, 2014. p. 80.
6. TADESSE BOGALE, A.; DEBELA, K. L. *Organizational culture*: a systematic review. Cogent Business & Management, v. 11, n. 1, 2024.
7. RIGBY, D. K. *Agile do jeito certo*: transformação sem caos. São Paulo: Benvirá, 2020.
8. SENGE, P. *A quinta disciplina*: a arte e prática da organização que aprende. Rio de Janeiro: BestSeller, 2024.
9. BAGHAI, M., COLEY, S., WHITE, D. *A alquimia do crescimento*: os segredos das 30 empresas que mais crescem no mundo. Rio de Janeiro: Record. 1999. p. 23.

10. STOPPELLENBURG, P. *The essence of an agile organization.* Amsterdam: House of Transformation Publishers, 2018. p. 42.

11. SUTHERLAND, J. *Scrum*: a arte de fazer o dobro do trabalho na metade do tempo. Rio de Janeiro: Sextante, 2019. p. 46

CAPÍTULO 2

Vinificação e estratégia empresarial

Todo enólogo sabe que as discussões mais profundas sobre vinho começam e terminam no vinhedo — é lá que a verdadeira mágica se inicia. O papel do enólogo é, com habilidade e dedicação, tornar-se quase invisível, permitindo que as nuances do terroir — como clima, solo, altitude, latitude, variedade das uvas, práticas vitícolas e tradições locais — se expressem plenamente e revelem o caráter autêntico de cada região. Assim como no mundo dos negócios, em que os talentos são os verdadeiros pilares do sucesso; no vinhedo, as uvas são a essência que define a qualidade do vinho.

O cultivo de uvas para a produção de vinho é uma arte que exige um entendimento profundo das necessidades e do comportamento da videira. O princípio fundamental é forçar a videira a desenvolver um extenso sistema radicular subterrâneo, capaz de fornecer uma rica variedade de minerais e nutrientes às folhas em crescimento, onde os açúcares são gerados através da fotossíntese. Esses nutrientes e açúcares são, em última instância, transportados para as uvas, que funcionam como verdadeiros depósitos de sabor.[2]

A poda rigorosa da videira é essencial para garantir que esses nutrientes sejam concentrados em um número limitado de uvas, intensificando seus sabores. Em solos ricos, a videira tende a focar seu crescimento na folhagem, apoiada por um sistema radicular menos desenvolvido, resultando em uvas que, embora volumosas, carecem da intensidade necessária para produzir um vinho de qualidade. Por outro lado, em solos pobres e bem drenados, a videira é forçada a expandir suas raízes profundamente no subsolo em busca de água e nutrientes, absorvendo uma ampla gama de minerais que enriquecem as uvas.

Essa busca por recursos em condições mais difíceis leva à produção de uvas que, quando bem manejadas, resultam em vinhos de grande complexidade e caráter. David Bird elabora que: "Assim como os seres humanos, as videiras também precisam enfrentar algum grau de adversidade para alcançar seu melhor desempenho."[2] Durante uma visita ao Château Les Carmes de Haut Brion, o enólogo sr. Guillaume Pouthier compartilhou toda a sua paixão pelas vinhas, como trabalha dia a dia para garantir a qualidade da "matéria-prima". Caminhando pela pequena propriedade, praticamente dentro da cidade, observamos seu cuidado em buscar o equilíbrio das condições, utilizando técnicas para que a planta pare de crescer e concentre sua energia para gerar o que ele deseja: um vinho perfumado, sutil e delicado, mas que tenha corpo e potência, sem perder as três primeiras características.

Conversando com ele, confirmamos que as uvas são, sem dúvida, o componente mais crítico na produção de vinho. Elas fornecem todos os elementos essenciais que determinam a qualidade e o estilo do produto final. O enólogo pode ajustar o equilíbrio desses elementos durante o processo de vinificação, mas não pode criar qualidade onde ela não existe. O equilíbrio entre açúcares, ácidos e polifenóis no suco de uva é vital para o estilo do vinho. Excesso de sol e calor podem produzir um vinho com alto teor alcoólico e baixa acidez, resultando em um paladar pesado e pouco refrescante. Por outro lado, a falta de calor pode resultar em um vinho excessivamente ácido e fino, mais adequado para destilação do que para consumo direto, embora possa servir de base para um excelente conhaque.

O termo "equilíbrio" é frequentemente mencionado na vinificação, pois o equilíbrio dos componentes principais do suco de uva é o que confere ao vinho seu apelo e complexidade. No entanto, um cuidado particular deve ser dado às cascas das uvas ao longo de todo o processo de vinificação. Elas são ricas em polifenóis, compostos que, se manuseados de forma inadequada, podem liberar taninos ásperos no suco, comprometendo a suavidade e a elegância do vinho.

Em suma, assim como na seleção de talentos em uma organização, na qual o potencial bruto deve ser cultivado e direcionado, o manejo cuidadoso das videiras e a seleção das melhores uvas são essenciais para a criação de vinhos excepcionais. O enólogo, como um líder, deve reconhecer e nutrir o potencial das uvas, sabendo que a qualidade final do vinho é, em grande parte, determinada pela matéria-prima com a qual ele começa.

Seleção de uvas x seleção de talentos

Na vinificação, a qualidade do vinho começa no vinhedo, onde a escolha das melhores uvas é essencial para produzir um produto final de excelência. Da mesma forma, nas empresas, a seleção cuidadosa dos melhores talentos é crucial para garantir o sucesso e a eficácia das estratégias organizacionais.

As uvas são a matéria-prima fundamental do vinho, e o potencial de qualidade do produto final já está presente no suco de uva desde o início. Para que esse potencial seja realizado, ele deve ser preservado e aprimorado ao longo de todo o processo de vinificação. Há um ditado no mundo dos vinhos que diz: "Um bom vinho é criado na vinha", e isso não poderia ser mais verdadeiro.

Outro adágio popular afirma: "É fácil fazer vinho ruim com uvas boas, mas você não pode fazer vinho bom com uvas ruins". Isso nos lembra de que, sem uma base sólida de qualidade — seja em uvas, seja em talentos —, o resultado estará comprometido.

As videiras são plantas perenes que exigem cuidado constante para produzir safras de alta qualidade ano após ano. Esse cuidado envolve diversas práticas vitícolas, como enxertia, treinamento e poda, tipos de viticultura, irrigação e operações sazonais, além de fatores ambientais capturados pelo conceito de terroir — uma combinação única de clima, solo e exposição solar.

Essa analogia se aplica perfeitamente à gestão de talentos nas empresas. Se selecionarmos bem os nossos colaboradores, fornecermos os recursos e o ambiente necessários para seu desenvolvimento e os motivarmos a realizar seu trabalho com excelência, aumentaremos significativamente as chances de sucesso organizacional.

Quantas vezes já ouvimos a frase: "As pessoas são o ativo mais importante das organizações?" Hoje, mais do que nunca, essa é uma das grandes verdades do mundo empresarial. Empresas não fazem negócios, não prestam serviços e não criam produtos; são as pessoas que fazem tudo isso acontecer.

Não vamos nos aprofundar nas teorias históricas de Taylor e Fayol, mas é importante destacar a evolução no conceito de "talento" dentro das empresas. No passado, o termo "talento" era restrito a um grupo seleto de colaboradores considerados de alto valor para a organização, levando à criação de programas específicos para "retenção de talentos". Porém, essa abordagem tem gerado um impacto negativo na equidade interna e nas expectativas dos demais colaboradores, criando um sentimento de desmotivação e uma percepção de favoritismo. Muitas empresas estão revendo como ter uma abordagem mais inclusiva e motivadora.

Hoje, à medida que as empresas avançam para práticas mais inclusivas e se comprometem com princípios de *Environmental, Social and Governance* (ESG), limitar o termo "talento" a um pequeno grupo parece inadequado. O professor Adelino Alves Cardoso define talento como: "Qualquer pessoa comum que, com as ferramentas mentais adequadas, habilidades desenvolvidas e motivação, tem um grande potencial de crescimento e sucesso."[1] São indivíduos que combinam a capacidade de atingir resultados com o potencial para adquirir novas competências e se desenvolver continuamente.

Assim como na vinificação, na qual cada uva agrega à complexidade e riqueza do vinho, cada colaborador, quando bem selecionado e cultivado, pode contribuir de maneira única e valiosa para o sucesso e a longevidade da organização.

Seleção de uvas (literatura de vitivinicultura)	Seleção de talentos (literatura de gestão de pessoas)
Critério de qualidade inicial "Um bom vinho é criado na vinha." (Bird & Quille, 2021)[2]	**Importância da seleção inicial** A seleção do talento certo desde o início é fundamental para o sucesso organizacional.
Preservação da qualidade ao longo do processo	**Desenvolvimento contínuo**
Seleção cuidadosa para excelência	**Escolha deliberada de talentos**
Importância do terroir (clima, solo, exposição)	**Fit cultural e ambiente**
Cuidados perenes com a videira	**Gestão de carreira e desenvolvimento sustentado**
Colheita na maturidade ideal	**Timing na gestão de talentos**

Essa tabela fornece uma comparação detalhada entre os processos de seleção de uvas e de talentos, utilizando conceitos fundamentais de ambas as disciplinas para destacar as semelhanças e a importância de um processo de seleção cuidadoso e estratégico.

Colheita, seleção e desengace

À medida que a época da colheita se aproxima, uma decisão importante precisa ser tomada em relação ao método. Essa é uma decisão comparativamente fácil, pois há apenas duas alternativas: colheita manual ou mecânica. Os parâmetros a serem considerados são baseados em uma combinação de qualidade, velocidade, economia e viabilidade.

A colheita manual é indispensável quando a seleção das uvas da melhor qualidade é prioritária. A desvantagem dessa forma tradicional de colheita é o tempo que leva, mesmo com um grande grupo de colhedores — e é caro, sendo entre quatro a dez vezes o custo da colheita mecânica com base no tipo de latada e na quantidade de classificação na colheita.

A máquina colhedora se destaca conforme o tamanho da operação aumenta, mas a maior vantagem da máquina é sua velocidade, garantindo a coleta das uvas quando elas estão no auge de suas condições. Um indivíduo pode colher cerca de uma tonelada de fruta por dia, enquanto uma máquina pode colher entre quatro e oito toneladas por hora.

No entanto, há restrições quanto ao uso de colheitadeiras mecânicas porque essas máquinas só podem operar em vinhedos especialmente plantados e em terras relativamente planas.

Como o melhor vinho é feito das melhores uvas, precisamos separar as uvas boas das ruins. A seleção tradicional é feita passando os cachos de uvas por uma correia móvel, conhecida como mesa de triagem, com pessoas de cada lado treinadas para selecionar as melhores uvas para o *grand vin*, enquanto as uvas mais pobres vão para o vinho de menor qualidade ou são possivelmente descartadas completamente.

Nos últimos anos, foram produzidas máquinas de classificação que podem ser usadas sozinhas ou como uma etapa extra para a classificação manual. As máquinas mais básicas dependem das propriedades físicas das bagas, como peso e tamanho, mas as tecnologias mais avançadas são classificadores ópticos complexos que podem selecionar bagas por cor e formato. Uma câmera observa cada baga, e, com base nos parâmetros de entrada, as bagas defeituosas são ejetadas por um jato de ar. Os classificadores ópticos estão se tornando tão eficientes que alguns produtores de vinho estão preocupados que essa tecnologia possa levar à homogeneidade de estilos e criar vinhos com sabor idêntico, independentemente de sua origem.

Um ponto de decisão importante durante a seleção é: remover as bagas dos caules, deixar os cachos inteiros ou usar caules parciais. Essa decisão é baseada em grande parte no controle de taninos e aromáticos do caule, com facilidade de processamento como um fator secundário. Os caules são uma fonte rica de taninos e podem ser adicionados ao processo de maceração para intensificar sua presença no vinho. Se já houver uma quantidade suficiente de taninos nas uvas, os caules de toda ou parte da colheita podem ser removidos por uma máquina de desengace.

Nas empresas, a seleção de talentos também pode ser desenvolvida integralmente por meio do recurso interno (analogia para colheita manual) da empresa ou por meio de empresas de consultoria externas (colheita mecânica).

As vantagens e desvantagens do recrutamento interno comparado ao externo dentro das organizações são analisadas, focando como cada método impacta o desenvolvimento e a manutenção do capital humano das empresas.

Vantagens do recrutamento interno:
1. *Valorização das pessoas*: estimula a motivação e o desenvolvimento profissional contínuo dentro da empresa, incentivando a aquisição de novas competências.
2. *Segurança e previsibilidade*: por já conhecerem a cultura e os processos da empresa, os colaboradores

internos tendem a ter uma curva de aprendizado mais rápida e são mais previsíveis em seus comportamentos e resultados.
3. *Custo-efetividade*: menos custoso em termos de recrutamento e seleção, pois utiliza recursos já existentes na empresa e evita custos de integração e adaptação de novos empregados.
4. *Rapidez*: o preenchimento de vagas pode ser mais rápido, uma vez que elimina etapas como a busca e seleção externa.

Desvantagens do recrutamento interno:
1. *Limitação de perspectivas*: pode criar uma cultura homogênea com falta de inovação devido à limitação no influxo de novas ideias e experiências de fora.
2. *Risco de comodismo*: há o risco de perpetuar a fixação no status quo e reduzir as possibilidades de inovação, uma vez que os funcionários internos podem estar muito acostumados aos métodos existentes.

Vantagens do recrutamento externo:
1. *Injeção de novas ideias*: introduz novas perspectivas e experiências na empresa, potencialmente enriquecendo a diversidade de pensamento e inovação.
2. *Evasão de conflitos internos*: evita o risco de favoritismo, promovendo uma cultura de igualdade de oportunidades.
3. *Seleção mais ampla*: permite uma seleção mais ampla e diversificada de talentos, não limitada apenas ao atual quadro de funcionários.

Desvantagens do recrutamento externo:

1. *Custos mais elevados*: envolve custos mais altos com a prospecção, seleção e integração de novos funcionários.
2. *Maior risco*: incorporar alguém de fora traz um risco maior de incompatibilidade cultural e de performance abaixo do esperado inicialmente.
3. *Tempo de integração*: pode ser mais lento devido à necessidade de adaptação ao novo ambiente e cultura organizacional.

Lembre-se de que a seleção de talentos é apenas o primeiro passo em um processo que, assim como na produção de vinhos, envolve várias etapas críticas. Na viticultura, não basta colher as uvas no momento certo — é preciso também passar por um rigoroso processo de seleção e desengace, retirando as uvas indesejáveis e os galhos que podem afetar a qualidade do vinho. Da mesma forma, nas empresas, a contratação é apenas o início; o verdadeiro sucesso vem de um processo eficaz de integração, ou *onboarding*, que garante que os novos colaboradores ou aqueles promovidos a novas funções sejam devidamente preparados para desempenhar suas funções e se alinhem à cultura organizacional.

Assim como a seleção criteriosa de uvas resulta em vinhos de maior qualidade, um bom processo de *onboarding* ajuda a transformar talentos promissores em profissionais altamente engajados e produtivos. Deixar os novos colaboradores "soltos aos leões", sem um período adequado de orientação e preparação, pode resultar em ineficiências e frustrações tanto para a empresa quanto para o profissional. Um *onboarding* bem estruturado é crucial para garantir que o novo membro da equipe tenha uma visão 360° da organização, entendendo claramente seus papéis, as pessoas-chave com quem interagir e as prioridades do negócio desde o início.

Na gestão de pessoas, o *onboarding* retira obstáculos e confusões que podem surgir na entrada de novos talentos, preparando-os para uma integração suave e eficiente à nova função. Organizações com um forte processo de integração melhoram a retenção de novos funcionários em 82%, e a produtividade em mais de 70%, além do engajamento e, consequentemente, o sucesso organizacional.[7]

Portanto, não subestime o impacto de um bom *onboarding*. Assim como as uvas precisam de cuidado desde a colheita até a fermentação para se transformarem em um grande vinho, os talentos precisam de atenção cuidadosa desde sua seleção até sua completa integração ao time e à cultura da empresa. Criar um ambiente em que eles possam absorver rapidamente a cultura, entender as prioridades e se sentir apoiados é fundamental para colher os frutos de uma equipe de alta performance.

Transformando sonho em realidade em Bordeaux

Minha ideia, lá em 2019, era simples: visitar, conhecer e aprender in loco nos grandes châteaux de Bordeaux. Queria entender suas rotinas e, acima de tudo, descobrir o segredo por trás de vinhos tão comentados e desejados por colecionadores e enófilos ao redor do mundo.

Consultando especialistas e amigos, a resposta foi quase unânime: "Se você não é um grande crítico, jornalista ou um nome famoso no mundo do vinho, suas chances são mínimas". Isso, claro, não foi motivador. Mas existia algo dentro de mim que afirmava: se há um sonho, existe um caminho para concretizá-lo. E, assim como nos negócios, sempre há caminhos alternativos.

Foi nessa busca que encontrei Jean Marc Quarin, um crítico especializado em vinhos de Bordeaux, que uma vez por ano formava pequenos grupos para divulgar sua metodologia de degustação, no qual o paladar vem antes do olfato.[8] Ele organiza um tour pelas vinícolas mais renomadas da região. Pensei: "Essa é minha chance." O problema? O tour de 2019 já estava fora de questão devido à minha agenda. Mas decidi tentar mesmo assim: enviei um e-mail me apresentando e compartilhando meu desejo de imersão no universo dos vinhos de Bordeaux.

Minha surpresa foi grande ao receber uma resposta positiva. Jean Marc aceitou minha proposta, e organizamos um tour exclusivo, planejado para setembro de 2020. Seriam dias intensos de aprendizado sobre sua metodologia e visitas a alguns dos *châteaux*, tanto da margem esquerda quanto da direita de Bordeaux.

Mas, como muitos planos em 2020, a pandemia interrompeu tudo. Inicialmente, como muitos de nós, pensamos que seria uma questão de semanas ou poucos meses até voltarmos ao normal. Quando vimos, estávamos programando para janeiro de 2021, coincidindo com meu aniversário, que seria um marco pessoal. No entanto, novamente, a pandemia nos forçou a adiar. Em novembro de 2020, percebemos que, mais uma vez, janeiro estava fora de questão.

Imagine a situação: eu, um desconhecido no mundo dos grandes críticos e produtores, enviando e-mails, mudando datas, explicando razões inesperadas. Mas continuei. Em 2021, conseguimos uma data em setembro daquele ano. Estávamos otimistas, pois a vacinação estava em andamento, e alguns países já haviam flexibilizado suas restrições. Contudo, um novo obstáculo surgiu: a França não reconhecia as vacinas que recebi, produzidas na China, e eu não poderia entrar no país.

Mais uma vez, tive que explicar a situação a Jean Marc. Felizmente, ele foi compreensivo, e, com paciência e perseverança, marcamos para janeiro de 2022. Finalmente, o plano se concretizou. A experiência superou todas as expectativas.

Visitamos importantes châteaux como Lafite, Latour, Haut-Brion e Margaux, além de ícones da margem direita, como Ausone. Fomos recebidos pelos diretores técnicos e até mesmo pelos proprietários de algumas vinícolas. Durante uma conversa descontraída, perguntei a Jean Marc: "Por que aceitou organizar algo tão exclusivo para dois desconhecidos?" (Minha esposa foi parceira nesta empreitada, por isso o plural.) Sua resposta foi simples, mas profunda: "Vocês insistiram. Poderiam ter desistido, mas continuaram, foram claros em suas intenções. E, além disso, janeiro é também o mês do meu aniversário. Assim como seria um presente para vocês, seria um presente para mim". Como sou grato pela oportunidade.

A mensagem que eu gostaria de deixar aqui é clara: **nunca desista de seus sonhos**. Mesmo que pareçam impossíveis, sempre existem caminhos. Encontrar alternativas onde os outros só veem barreiras é uma arte — no mundo do vinho, nos negócios ou na vida. Bem, voltemos ao tema central deste capítulo.

Estratégia empresarial e vinificação: similaridades e lições

Ao concluirmos aquela semana agitada de visitas, algo se tornou bastante evidente para mim: a fermentação é o cerne da produção do vinho. Porém, assim como nas empresas, não são as ferramentas que importam, mas sim como são usadas.

Ao visitar diferentes vinícolas, observei que os tanques de fermentação variavam muito de um lugar para outro. Alguns utilizavam grandes reservatórios de aço inoxidável, outros preferiam barris de madeira ou até cubas de cimento. Uns estavam em espaços amplos; outros, em espaços mais compactos. Cada château tinha a sua própria maneira de operar. As diferenças não são somente determinadas pelo tamanho ou pelo material do tanque, mas também pelo processo de fermentação aplicado pelo enólogo.

Essa é a analogia perfeita para a estratégia nas empresas. Assim como os vitivinicultores têm à sua disposição diferentes ferramentas e técnicas, as empresas possuem *frameworks* e metodologias que podem variar conforme a indústria, o mercado ou o segmento. No entanto, o que diferencia um grande time de um time mediano é a implementação da estratégia — o modo como esses *frameworks* são utilizados.

Na vinificação, a fermentação é um processo que requer atenção, em que cada detalhe conta. A temperatura deve ser controlada; a remontagem (a técnica de "socagem" ou bombeamento para misturar o mosto) deve ser feita regularmente para garantir a extração ideal de cor e taninos. Um pequeno erro pode comprometer toda a qualidade do vinho. No mundo dos negócios, a execução de uma estratégia é delicada. É preciso ajustar constantemente, monitorar e adaptar para garantir que a empresa siga no caminho certo.

Assim como a fermentação transforma o suco de uva em vinho, a execução eficaz transforma uma boa ideia em sucesso. Na vinificação, não basta ter as melhores uvas; é necessário um processo rigoroso para extrair o melhor delas. O mesmo vale para as empresas: não adianta ter um excelente plano estratégico se não houver um processo bem definido para sua execução.

No final, seja no mundo do vinho, seja no mundo dos negócios, o sucesso não é fruto do acaso. Ele é resultado de um processo bem orquestrado, no qual as ferramentas certas são aplicadas de maneira inteligente. Os grandes vinhos de Bordeaux não são fruto apenas do terroir ou das uvas — eles são o resultado de séculos de refinamento nos processos de vinificação. Da mesma forma, as grandes empresas não prosperam apenas por terem uma boa ideia, mas pela maneira como implementam e ajustam suas estratégias ao longo do tempo.

Minha vivência neste caso de Bordeaux me proporcionou um aprendizado importante: a persistência e a determinação em realizar o que parece inalcançável podem desvendar oportunidades surpreendentes. Assim como o vinho precisa de tempo para amadurecer, uma estratégia empresarial também precisa de tempo, paciência e ajustes constantes para se transformar em sucesso.

Que essa analogia entre o mundo do vinho e o mundo dos negócios o inspire a continuar buscando o extraordinário, seja em suas paixões pessoais, seja em sua vida profissional. Afinal, como no vinho, a verdadeira excelência só se alcança com dedicação, cuidado e um processo robusto.

O cerne da estratégia: diagnóstico, direção estruturada e ações coerentes

A estratégia empresarial, assim como a vinificação, envolve decisões cuidadosas, baseadas em análise e experiência. Tanto no mundo dos negócios quanto na produção de vinhos, combinações de conhecimento técnico, habilidade e visão são necessárias para alcançar o sucesso. Ao olharmos para a estratégia por meio das lentes de grandes pensadores, como Michael Porter, Jay Barney, Henry Mintzberg e Richard Rumelt, podemos começar a traçar paralelos com o mundo da vinificação e entender como esses dois campos, distintos, compartilham uma lógica semelhante em sua essência.

Michael Porter define a estratégia como a escolha consciente entre várias possibilidades, com o objetivo de criar uma vantagem competitiva e gerar valor para a empresa. No mundo dos vinhos, isso pode ser comparado ao momento em que um *winemaker* decide quais uvas plantar, que método de fermentação usar e como envelhecer o vinho. Cada decisão é estratégica, influenciando diretamente o resultado e a competitividade no mercado.

Jay Barney se concentra na alocação de ativos únicos e valiosos, sugerindo que a estratégia seja moldada pela habilidade da empresa de se distinguir por meio de seus bens. No universo vinícola, essa analogia é clara: terroir, variedade de uvas, técnicas exclusivas e a história da vinícola são todos "recursos únicos" que posicionam um vinho de forma distinta no mercado. Um exemplo prático é o reconhecimento do terroir de Bordeaux, que se tornou um recurso competitivo para os vinhos dessa região, comparável ao modo como uma empresa pode usar suas competências exclusivas para se destacar de seus concorrentes.

Henry Mintzberg conceitua a estratégia como um processo dinâmico, que envolve concepção, implementação e avaliação constante. Isso reflete perfeitamente o trabalho do enólogo, que deve estar em constante adaptação às condições sazonais, mudanças climáticas e novas tendências do mercado. Assim como um bom estrategista, um enólogo competente deve estar pronto para ajustar suas práticas diante de novos desafios e oportunidades.

> Uma boa estratégia possui um cerne composto por três elementos: diagnóstico, direção estruturada e ações coerentes. O diagnóstico refere-se à compreensão profunda dos desafios e oportunidades; a direção define o caminho a seguir; e as ações coerentes são o conjunto de iniciativas que traduzem a estratégia em prática.[3]

No contexto empresarial, o diagnóstico pode ser comparado à análise de mercado ou à avaliação interna de pontos fortes e fracos. Na vinificação, esse diagnóstico envolve a leitura cuidadosa do solo, do clima e das condições de crescimento de cada safra. A direção estruturada seria a escolha das uvas certas e do método de vinificação, e as ações coerentes envolvem todas as etapas do processo de produção, desde a poda até o envelhecimento em barris de carvalho.

Portanto, é fundamental entender a integração entre estratégia e execução. Frequentemente, ouço nas empresas em que há uma divisão clara entre diretorias — uma focada em estratégia e outra em execução — frases como: "A estratégia vale 30% e a execução 70%". Ou até mesmo: "Estratégia é só PowerPoint para executivos se mostrarem" e "execução sem direção é confusão e anarquia". Embora essas afirmações possam refletir sentimentos momentâneos ou realidades pontuais, elas também expõem a clara divisão entre os "poderes" dentro dessas organizações.

Minha provocação é: vocês não percebem que tudo está interligado? As estruturas organizacionais não deveriam limitar o pensamento ou restringir o que chamo de "passar o bastão". Se sua empresa mantém essa divisão, pense na analogia de uma corrida de revezamento 4x100 metros. O objetivo de cada corredor é simples: dar o seu melhor e seguir em direção à linha de chegada. A dinâmica é clara: passar o bastão para o próximo competidor no momento certo.

Agora, imagine se durante essa corrida alguém pega o bastão e decide correr em outra direção. É exatamente isso que muitas vezes ocorre nas empresas. As pessoas recebem o "bastão" (a estratégia) e, sem um alinhamento claro, começam a decidir por conta própria para onde correr. Isso acontece quando os objetivos e a direção não são claramente definidos desde o início.

O segredo está em garantir que, desde o começo, todos saibam para onde correr. Estratégia e execução não são concorrentes, mas parceiros que, juntos, garantem que o bastão seja passado de forma eficiente e que todos sigam na mesma direção, rumo ao sucesso.

Estratégia e execução: prioridade e clareza dos objetivos

Uma das maiores dificuldades nas empresas, assim como nas vinícolas, é a execução bem-sucedida da estratégia. Charles Burk e Ram Charan, argumentam que "muitos líderes acreditam que a execução é apenas uma tarefa tática, algo que pode ser delegado".[4] No entanto, a execução eficaz é uma disciplina que requer envolvimento profundo dos líderes. Da mesma forma, um enólogo que delega a gestão da vinha e da adega pode comprometer a qualidade do vinho. A implementação da estratégia, seja no mundo corporativo, seja no mundo dos vinhos, exige atenção aos detalhes e um comprometimento contínuo com a excelência.

Nos negócios, a clareza de metas é fundamental para que todos na organização saibam para onde estão indo. Da mesma forma, a falta de clareza é um dos maiores entraves para uma boa execução. Quando os colaboradores não têm uma compreensão precisa do que se espera deles, podem perder o foco. Assim como o enólogo precisa saber qual é o vinho que deseja produzir, é crucial os líderes garantirem que a equipe entenda seus objetivos e como eles se encaixam com o todo.

Chris McChesney estudou o desafio da execução deficiente e, por meio dos seus estudos, que tinham como uma das principais suspeitas a falta de clareza das metas, identificou que "as pessoas simplesmente não as compreendiam". "Apenas um funcionário em cada sete era capaz de citar pelo menos uma das metas mais importantes de sua organização". Outro achado foi a falta de comprometimento com a meta: "Apenas 51% da equipe declarava estar envolvida com sua meta."[9]

Um excelente exercício para alinhar o entendimento dos objetivos corporativos é dividir a equipe em pequenos grupos de quatro ou cinco pessoas e pedir a cada um que leia os objetivos corporativos de forma individual. Em seguida, cada pessoa deve explicar o objetivo com suas próprias palavras. Esse processo simples pode trazer surpresas.

Lembro-me de uma situação em que acabávamos de apresentar os objetivos anuais para todos os gerentes. Durante a reunião, poucas perguntas foram feitas, e todos afirmaram ter compreendido claramente. Porém, quinze dias depois, percebemos que algo não estava funcionando bem. Surgiram ruídos entre as equipes, e ficou claro que investimos pouco tempo para verificar se nossos colaboradores realmente haviam entendido o que foi apresentado.

Essa experiência reforça a importância de escutar e garantir que todos compartilhem a mesma visão. Reservar tempo para verificar o entendimento é um dos melhores investimentos que você pode fazer. Às vezes, assumimos que as coisas são óbvias ou simples, mas é justamente nesses pequenos detalhes que começam as distrações e os desalinhamentos.

Pensamento sistêmico: integração e alinhamento

Peter Senge, em seu livro *A quinta disciplina*, introduz o conceito de pensamento sistêmico, que sugere que devemos olhar para as inter-relações e padrões, em vez de apenas focar eventos isolados.[5] Esse princípio se aplica tanto aos negócios quanto à vinificação. Tanto um bom estrategista empresarial quanto um enólogo devem considerar o impacto de cada decisão no todo. Em uma vinícola, as decisões tomadas na administração da vinha impactam o processo de fermentação que, por isso, afeta o envelhecimento e, consequentemente, a qualidade do vinho.

Nos negócios, o pensamento sistêmico é igualmente importante. As decisões estratégicas tomadas em uma área, como marketing ou operações, afetam outras áreas da empresa. Assim como um enólogo precisa garantir que todos os componentes de um vinho estejam em harmonia, um líder empresarial deve garantir que todas as funções dentro da organização estejam alinhadas com a estratégia global.

Exemplo prático: pense na Tesla, que, além de fabricar carros elétricos, está integrada em uma cadeia de fornecimento sustentável trabalhando na economia circular. Essa visão sistêmica permite que a Tesla se posicione de maneira única no mercado, assim como uma vinícola que integra práticas sustentáveis desde o vinhedo até o engarrafamento, garantindo uma marca coesa e diferenciada.[6]

Voltando à nossa analogia, no processo de fermentação alcoólica, cada componente tem um papel crucial: as leveduras atuam como catalisadores, os açúcares são a matéria-prima, e o álcool, o dióxido de carbono e o calor são os produtos finais. Assim como na fermentação alcoólica, um plano de negócios é implementado por um *framework* estruturado.

- *Leveduras podem representar a liderança e a gestão*: assim como as leveduras que catalisam a reação, a liderança em uma organização catalisa a ação, transformando estratégias em resultados concretos.
- *Açúcares simbolizam recursos e capacidades*: estes são os insumos essenciais, como capital, talentos e tecnologias, que alimentam o processo.
- *Álcool e dióxido de carbono simbolizam os resultados e o desenvolvimento*: o álcool pode ser interpretado como os ganhos e sucessos concretos, enquanto o dióxido de

carbono representa o crescimento e a expansão, às vezes menos palpáveis, mas igualmente relevantes.
- *Calor é a energia e a cultura organizacional:* assim como o calor liberado durante a fermentação, a energia e a cultura dentro de uma organização são subprodutos cruciais que influenciam o ambiente de trabalho e a moral da equipe.

Framework de implementação de planos de negócios (ciclos de noventa dias): cada empresa possui seu *framework* e a ideia aqui não é discutir qual é o melhor. A intenção é trazer para você algo que possa ser útil. A analogia é um chamado para que você esteja próximo, aberto a acompanhar no dia a dia a evolução.

Iniciação e catalisação (leveduras + açúcares):
- Definição de liderança: identificar os líderes que atuarão como catalisadores no processo de implementação.
- Alocação de recursos: distribuir os recursos necessários para suportar a implementação do plano. Avaliar a cada noventa dias a capacidade do time de executar e entregar o que estava planejado. Criar mecanismo dinâmico em que todos vejam as atividades de alto impacto que devem ser priorizadas.

Transformação e execução (→ álcool + dióxido de carbono + calor):
- Execução: garantir que o número de iniciativas a cada noventa dias seja compatível com a capacidade de implementação da equipe.
- Monitoramento do progresso: usar indicadores de desempenho para avaliar a eficácia das ações e ajustar conforme necessário.

- Cultura e energia: fomentar uma cultura que suporte a inovação e mantenha a equipe motivada e alinhada com os objetivos da empresa.

Avaliação e ajustes (produto final):
- Avaliação de resultados: medir os resultados contra os objetivos iniciais.
- Adaptação: rever o que está fazendo e verificar se deveria continuar, parar ou iniciar algo. Fazer mudanças estratégicas com base no feedback e nas condições de mercado.

Este modelo é apenas uma ilustração para trazer à tona o pensamento essencial. Tenho certeza de que sua empresa já tem modelos bem estruturados. A verdadeira provocação aqui não está no básico, mas em se perguntar: você tem dedicado tempo, dado a devida prioridade e tido a coragem de rever cada uma dessas etapas — da preparação à adaptação? Assim como na meticulosa transformação da fermentação alcoólica, o sucesso está nos detalhes e no ajuste contínuo. Avalie suas práticas, refine seus processos e leve sua empresa a um novo patamar.

Fermentação alcoólica	Execução de planos de negócios
Leveduras (catalisadores) As leveduras atuam como catalisadores, iniciando e acelerando a transformação dos açúcares em álcool.	**Iniciação e catalisação** A liderança e a gestão na empresa agem como catalisadores, transformando estratégias em ações concretas.

(continua)

(cont.)

Fermentação alcoólica	Execução de planos de negócios
Açúcares (matéria-prima) Açúcares servem como a matéria-prima essencial que será convertida em produtos finais por meio da ação das leveduras.	**Recursos e capacidades** Recursos como capital, talentos e tecnologias são os insumos necessários para executar o plano de negócios.
Álcool (produto final tangível) O álcool é o resultado tangível da fermentação, simbolizando o produto final de valor.	**Resultados e sucesso** Lucros e conquistas tangíveis são os resultados diretos das estratégias implementadas.
Dióxido de carbono (crescimento e expansão) O dióxido de carbono, embora menos tangível que o álcool, é um importante subproduto da fermentação, representando expansão e crescimento.	**Crescimento e expansão** Crescimento da empresa e expansão no mercado, muitas vezes menos visíveis, mas cruciais para o sucesso a longo prazo.
Calor (energia e ambiente) O calor liberado durante a fermentação influencia o ambiente e a eficiência do processo.	**Cultura e energia organizacional** A energia e a cultura da empresa influenciam a motivação da equipe e o ambiente de trabalho, afetando o sucesso da execução do plano.
Transformação e execução (processo de fermentação) A transformação de açúcares em álcool e dióxido de carbono, liberando calor, é o coração do processo.	**Execução e monitoramento** A implementação das táticas, monitoramento dos resultados e ajustes são o coração da execução do plano de negócios.

(continua)

(cont.)

Fermentação alcoólica	Execução de planos de negócios
Avaliação do produto final (álcool e dióxido de carbono) O produto final é avaliado em termos de qualidade e quantidade.	**Avaliação e ajustes estratégicos** Os resultados são avaliados e os ajustes estratégicos são feitos com base no desempenho e nas condições do mercado.

Essa tabela destaca a analogia entre as reações químicas da fermentação alcoólica e as fases de execução de um plano de negócios, mostrando como cada elemento da fermentação tem um paralelo direto com componentes críticos na gestão empresarial.

"Calor" das relações: papel da liderança

A vinificação é um processo repleto de detalhes, e o controle de temperatura durante a fermentação é um elemento crítico. Essa supervisão é fundamental para garantir a qualidade do vinho, assim como a gestão de diferentes fatores dentro de uma organização é essencial para assegurar o sucesso da estratégia empresarial. Analisando a semelhança entre a fermentação e o ambiente corporativo, identificamos similaridades claras. Elas ilustram como as dinâmicas entre as equipes e as pessoas, assim como o papel da liderança, afetam o resultado, seja na produção de vinho, seja nos resultados de negócios.

O calor produzido na fermentação é uma metáfora poderosa para a temperatura das relações humanas em um ambiente corporativo. Quando trabalhamos em equipe e nos engajamos com nossos colegas, há uma geração de energia — seja motivação positiva, seja tensão — que influencia o ambiente de trabalho. Assim como no procedimento de fermentação, é importante monitorá-lo e gerenciá-lo.

Leveduras desempenham o papel central no processo de fermentação. Elas são o "motor" que converte uvas em vinho; sem elas, o processo não ocorreria. No ambiente empresarial, os líderes podem ser vistos como as leveduras: eles catalisam a transformação e garantem que o time funcione de maneira eficiente, guiando as equipes e orientando o processo para alcançar o objetivo final.

David Bird, em seu livro *Understanding wine technology*,[2] discute como a escolha das leveduras pode influenciar significativamente os sabores e aromas da bebida, especialmente em vinhos jovens degustados logo após sua elaboração. Da mesma forma, a seleção de líderes em uma organização é crucial para garantir o sucesso estratégico. Um líder mal escolhido pode prejudicar todo o processo, assim como uma levedura inadequada pode arruinar a qualidade de um vinho.

Na vinificação, a temperatura desempenha um papel vital na determinação da qualidade final do vinho. O calor durante a fermentação auxilia na extração de sabores e tonalidades das cascas das uvas, contudo, simultaneamente, um excesso de calor pode volatilizar os aromas e comprometer o produto final. O equilíbrio é a chave — tanto na fermentação quanto nas dinâmicas organizacionais. Assim como o controle preciso da temperatura é necessário para produzir um bom vinho, o gerenciamento equilibrado das interações e das emoções dentro de uma equipe é essencial para alcançar um bom desempenho empresarial.

Analogamente, nas empresas, o "calor" das interações humanas, seja em forma de discussões saudáveis, seja em desafios mais intensos, precisa ser controlado. Muito conflito pode ser destrutivo, enquanto um ambiente muito frio e desprovido de emoções pode gerar estagnação e desmotivação. A arte de liderar, assim como a arte de vinificar, envolve gerenciar esses extremos e manter o equilíbrio ideal.

Ficar atento e investir tempo com as pessoas é a chave para o sucesso. As "reuniões de revisão" ou comitês de performance em empresas desempenham esse papel: elas são uma oportunidade para medir o progresso, analisar o desempenho e ajustar as estratégias, se necessário. Participar ativamente, observar atentamente os sinais, diretos e indiretos, da dinâmica dessas cerimônias ajuda muito o líder. Crie uma agenda atrativa, com poucas apresentações e mais espaço para diálogos e desafios. Estabeleça aquilo que chamamos de *pre readings*, com ferramentas de feedback como o Jamboard ou Miro, em que, ao entrar na reunião, é possível observar as dúvidas, feedback e perguntas gerando uma dinâmica de colaboração, e não de "chamada oral".

Lembre-se: da mesma forma que ajustar a temperatura na fermentação pode desacelerar ou acelerar o processo, os líderes podem fazer ajustes nas metas e nas orientações dadas às equipes para garantir que o ritmo de trabalho se mantenha adequado. Se o ambiente corporativo estiver "quente" demais — com sobrecarga de trabalho ou estresse excessivo —, pode ser necessário uma intervenção para "resfriar" o clima e garantir que a equipe não se esgote. Por outro lado, se o ritmo estiver muito lento, um estímulo pode ser necessário para aquecer a motivação e a produtividade.

Indivíduo e coletivo em busca de resultados extraordinários

No mundo do vinho e dos negócios, o sucesso é raramente o resultado de um único indivíduo; é o trabalho coletivo, a soma das partes, que gera resultados extraordinários. O processo de vinificação é uma combinação complexa. Envolve uvas, terroir, técnicas do enólogo e controle de variáveis como temperatura e tempo. Da mesma forma, as empresas dependem da colaboração dos talentos individuais e do esforço coordenado de todos. Em ambos os mundos, o papel do indivíduo é crucial, mas, sem a sinergia do coletivo, o produto final, seja um vinho de alta qualidade ou um plano estratégico bem-sucedido, nunca alcançará seu verdadeiro potencial.

Nas empresas, as pessoas são mais importantes que os processos de estratégia e operações. Afinal, são elas que dão vida aos negócios, detectam as mudanças no mercado, formulam táticas baseadas em dados e insights e alocam os recursos necessários. Assim como na vinificação, em que o cuidado detalhista do enólogo e da equipe define a qualidade do vinho, no mundo corporativo, a execução eficiente das estratégias depende da competência e do engajamento das pessoas.

Acredito que todos concordem com isso. Mas vejam que interessante, as empresas desenvolvem planos de longo prazo, definindo metas para os próximos três ou cinco anos. Raramente consideram um ponto crucial: como desenvolver pessoas para as novas realidades e necessidades futuras? Os líderes empresariais devem assegurar que suas equipes possuam habilidades necessárias não para o hoje, mas para os desafios futuros.

Exemplificando, todos estamos testemunhando o impacto da inteligência artificial (IA) no ambiente de negócios. Muitas empresas reconhecem o potencial da IA para otimizar processos e gerar oportunidades, mas quantas efetivamente começaram a treinar suas equipes para utilizar essas tecnologias? O mesmo ocorre com o *omnichannel* — uma abordagem em que as empresas buscam impactar o cliente em múltiplos pontos de contato de maneira integrada. Embora seja uma tendência clara, poucas organizações alocam recursos para desenvolver essa capacidade de maneira ampla. Esses desafios revelam uma lacuna entre a visão estratégica e a execução, e é aqui que a importância do treinamento e desenvolvimento de pessoas entra em cena.

Existem corporações que já estão agindo e participando ativamente desta nova onda. Elas são, hoje, nossas ilhas de excelência. Recentemente, vi um exemplo de uma organização na área da comunicação que criou uma área com mais de cem cientistas de dados para, com o uso de Inteligência Artificial, crescer em mercados de pequenas e médias empresas, sem se limita a priorizar apenas o segmento dos grandes clientes.

Controle de temperatura: gerenciamento das relações e da pressão

O calor gerado durante o processo da fermentação deve ser gerenciado para que o vinho não perca seus aromas e sabores. Da mesma forma acontece nas empresas, que a gestão das interações e da pressão interna é fundamental. Assim como um vinho pode ser comprometido pelo excesso de calor, as equipes podem perder a eficiência e o foco quando submetidas a estresse excessivo ou ambientes tóxicos. O "calor" das relações humanas — as interações entre os membros da equipe, os conflitos e as colaborações — precisa ser monitorado e gerenciado com precisão.

Nas empresas, uma liderança eficaz é responsável por garantir que a pressão seja bem dosada, incentivando a produtividade sem deixar o ambiente ferver. Equipes equilibradas e motivadas, assim como vinhos fermentados na temperatura ideal, resultam em produtos finais muito mais ricos e complexos. O líder, tal como o enólogo que ajusta o controle da temperatura para obter o melhor vinho, precisa manter o ambiente organizacional sob controle, garantindo que todos estejam trabalhando em sincronia.

Lições a evitar: a importância de não subestimar a execução

Um erro comum nas empresas é pensar que a execução é apenas uma tarefa tática, algo que pode ser delegado enquanto os líderes se concentram em questões mais importantes. A implementação é uma disciplina que deve estar ancorada na cultura da empresa, e os líderes precisam estar engajados no processo. Como Bossidy e Charam destacam, a execução bem-sucedida requer um diálogo aberto e contínuo, em que as expectativas são claramente definidas e todos os envolvidos são responsabilizados pelos resultados.[4]

Sem esse compromisso com a execução, a estratégia se torna apenas um conjunto de ideias abstratas, desconectadas da realidade. Um dos maiores erros que as empresas podem cometer é criar metas ambiciosas e complexas, mas falhar na implementação prática. Assim como um enólogo pode perder todo o vinho se não acompanhar a fermentação, empresas também correm riscos se não se dedicarem à execução e podem fracassar, mesmo com estratégias bem elaboradas. O sucesso empresarial depende de um esforço conjunto. O individualismo excessivo pode prejudicar tanto uma equipe empresarial quanto a produção de um vinho de qualidade. Em uma organização, o talento individual só é realmente valioso quando trabalhado em colaboração com os outros. Cada membro do time, assim como cada etapa do processo de vinificação, tem sua importância, e é o conjunto dessas partes que cria o resultado.

Nas empresas, a colaboração entre departamentos, a comunicação eficaz e o alinhamento de todos em direção aos mesmos objetivos são essenciais. Assim como uma boa safra de vinho depende da harmonia entre o solo, o clima e as técnicas de cultivo, o sucesso empresarial depende da sinergia entre os talentos individuais e os processos organizacionais.

Referências

1. CARDOSO, A. A. *Atração, seleção e integração de talentos*. Lisboa. Lidel, 2016. p. 13.
2. BIRD, D.; QUILLE, N. *Understanding wine technology*: The science of wine explained. [S.I.]: DBQA Publishing, 2021.
3. RUMELT, R. *Estratégia boa estratégia ruim*: descubra suas diferenças e importâncias: Rio de Janeiro: Elsevier, 2011.
4. BOSSIDY, L.; CHARAM, R. *Execução*: a disciplina para atingir resultados. Rio de Janeiro: Alta Books, 2019.

5. SENGE, P. A *quinta disciplina*: a arte e prática da organização que aprende. Rio de Janeiro: BestSeller, 2024.
6. NAOR, M. *Tesla's Circular Economy Strategy to Recycle, Reduce, Reuse, Repurpose and Recover Batteries* [Internet]. In: Recycling Strategy and Challenges Associated with Waste Management Towards Sustaining the World. IntechOpen, 2023.
7. *Relatório Brandon Hall Group*: The True Cost of Bad Hiring. 2015. Disponível em: https://b2b-assets.glassdoor.com/the-true-cost-of-a-bad-hire.pdf Acesso em: 5 out. 2024.
8. QUARIN, J. *Guide Quarin*: des vins de Bordeaux. França: Solar, 2011.
9. McCHESNEY, C.; COVEY, S.; HULING, J.; MORAES, B. *As 4 disciplinas da execução*. Rio de Janeiro: Alta Books, 2022. p. 12.

Leitura complementar

COLLINS, J. *Good to Great: Why Some Companies Make the Leap... and Others Don't*. HarperBusiness, 2001.

GOODE, J. *The science of wine: from vine to glass*. Berkeley: University of California Press, 2014.

McCHESNEY, Chris. *The 4 disciplines of execution*. [s. l.]: [s. n.], 2022.

SENGE, P. *The fifth discipline: the art and practice of the learning organization*. [s. l.]: [s. n.] 1990.

SMITH, C. *Postmodern Winemaking: Rethinking the Modern Science of an Ancient Craft*. University of California Press, Edição do Kindle, p. 305.

CAPÍTULO 3

Blending e diversidade

Blending de uvas e mix de habilidades

Como observamos, o universo da vinificação é complexo, repleto de decisões críticas em que a arte de *blending*, ou mistura, se destaca como um legado que sintetiza experiência, criatividade e perícia do enólogo. Os vinicultores profissionais reconhecem que raramente um vinho isolado possui todas as qualidades desejadas em um produto final.[10] Então, como alcançar a perfeição? A resposta está no *blending* (mistura): selecionando as melhores características de múltiplos vinhos para criar um produto final melhor do que o inicial. Esta prática milenar é tão relevante para produtores de vinho amadores quanto para enólogos mais experientes.

A mistura é essencial no procedimento de vinificação, equiparada em importância à fermentação. A maioria dos vinhos produzidos globalmente passa por um método de mistura antes do engarrafamento. Por exemplo, o *grand vin* de um château bordelês é composto das melhores uvas de suas vinhas excepcionais e barris de destaque.[1] De vez em quando, incluir apenas 5% de uma variedade autorizada pode mudar significativamente o estilo do vinho. A elaboração de vinhos pode envolver um processo de *blending* complexo, abrangendo múltiplas fontes de lotes de vinho com variáveis como:

- uvas de origens diversas;
- diferentes datas de colheita;
- variadas castas de uvas;
- a fermentação em temperaturas variadas;
- o uso de diferentes leveduras;
- fermentação em diversos recipientes (aço inox, madeira, cimento etc.);
- a maturação e o envelhecimento em diferentes tipos de materiais.

Além da singularidade de cada variedade de uva (diferentes tipos ou a mesma variedade de distintas parcelas), as possibilidades de sabores, aromas e texturas que emergem de uma combinação bem-sucedida são teoricamente ilimitadas.

No âmbito corporativo, a formação de equipes eficazes também segue um raciocínio semelhante ao do *blending* de vinhos. A construção de times robustos se beneficia enormemente de uma mistura diversificada de perfis, incluindo experiência, pensamento, formação acadêmica, gênero, idade, entre outros aspectos.

Bem-vindo ao fascinante e desafiador mundo do *blending*, em que a ciência se encontra com a arte e se reflete tanto na vinificação quanto na gestão de talentos nas organizações.

Blending, ou a mistura de vinhos, é uma arte tradicional que consiste em combinar diferentes vinhos para produzir um resultado com características únicas. Essa prática tem raízes históricas profundas, remontando a séculos de tradição vinícola que visavam realçar os melhores atributos de sabor, aroma e qualidade geral dos vinhos.

Longe de ser uma mera necessidade prática, a mistura é uma escolha estratégica feita com propósitos claros: desde equilibrar sabores até aumentar a complexidade dos vinhos, os vinicultores misturam intencionalmente diferentes castas para produzir resultados que excedem a soma de suas partes individuais.

Aqui estão algumas das variedades mais comuns usadas nas misturas:

- Cabernet Sauvignon: conhecida por seus taninos robustos e sabores complexos, é a espinha dorsal das misturas de Bordeaux, contribuindo com estrutura e potencial de envelhecimento.
- Merlot: adiciona textura aveludada e nuances frutadas, suavizando as arestas da mistura.
- Cabernet Franc: oferece complexidade aromática, notas herbáceas e um toque de especiarias, enriquecendo a mistura.
- Petit Verdot e Malbec: usados em menor escala, estes adicionam cor, intensidade e profundidade de sabor.

A compreensão das características de cada tipo de vinho permite aos enólogos manipularem essas qualidades para criar misturas que destacam os melhores atributos de cada variedade. O resultado é uma combinação harmoniosa que oferece uma experiência complexa e equilibrada ao paladar.[3]

O processo de *blending* (mistura)

Como o processo de *blending* é um momento estratégico e delicado, o sucesso dessa mistura será julgado no futuro pelos consumidores, pelos críticos e pelo mercado. Portanto, vários especialistas consideram-no uma verdadeira forma de arte. Da mesma forma, alocar as pessoas certas nos papéis certos nas empresas — ao formarmos nossas equipes — são decisões que determinarão o sucesso ou fracasso a curto, médio e longo prazo.

Etapas do processo de mistura[2]:

1. *Seleção dos vinhos-base*: inicia-se com a escolha dos vinhos, cada um representando uma variedade específica que passou pela fermentação. Esses vinhos estabelecem a fundação para a mistura final.
2. *Misturas de teste*: vinicultores experimentam diferentes proporções desses vinhos-base, ajustando o equilíbrio de sabores, aromas e estrutura.
3. *Degustação e avaliação*: a equipe realiza degustações detalhadas para avaliar as misturas de teste e refinar a seleção.
4. *Ajuste fino*: com a mistura escolhida, fazem-se ajustes precisos na composição para alcançar a harmonia desejada.
5. *Influência do carvalho*: se a mistura incluir vinhos que amadureceram em barris de carvalho, a seleção deles e o tempo de maturação são essenciais para adicionar complexidade à mistura.
6. *Maturação e integração*: a mistura é deixada para amadurecer, permitindo a fusão dos componentes. Esse período é crucial para o desenvolvimento de um caráter coeso e integrado.

A arte por trás da ciência

O domínio do enólogo é crucial na criação de uma mistura bem-sucedida. Sua habilidade em combinar arte, conhecimento técnico e uma compreensão intuitiva do estilo de vinho desejado é o que faz a diferença. Os enólogos não só trazem sua visão artística para o processo, como também possuem a precisão técnica necessária para equilibrar quimicamente as variedades escolhidas. A experiência em misturas anteriores e o conhecimento das características de cada safra são inestimáveis para a tomada de decisões informadas e estratégicas ao longo do processo de *blending*. Vale ressaltar que, na grande maioria das vinícolas, o enólogo não faz esse processo sozinho, ele tem colaboração de diversas pessoas do seu time que podem dar suas opiniões, até porque complementam as expertises uns dos outros.

O *blending* no mundo do vinho é uma dança delicada entre ciência e sensibilidade, exigindo um entendimento profundo e respeitoso das propriedades de cada vinho envolvido. É um equilíbrio de corpo, taninos, acidez e doçura — cada elemento deve ser meticulosamente ajustado para criar um vinho que não apenas expresse as qualidades de suas partes constituintes, mas que também apresente um novo produto, coeso e elegante.

Blends famosos ao redor do mundo

A seguir, compartilho dois tipos famosos de blends, os de Bordeaux e da região do Rhône a título de curiosidade. Cada um deles é hoje considerado clássico e um exemplo perfeito de como diferentes variedades de uva podem ser harmonizadas para expressar o melhor de cada uma, criando vinhos de excepcional qualidade e caráter distintivo.

1. **Blends de Bordeaux:**[4]
   - Cabernet Sauvignon contribui com estrutura e taninos.
   - Merlot adiciona suavidade e corpo.
   - Cabernet Franc oferece complexidade aromática.
   - Petit Verdot e Malbec podem ser usados para intensificar cor e profundidade.

2. **Blends do Rhône:**
   - No norte do Rhône, a Syrah domina, muitas vezes cofermentada com Viognier para adicionar aroma e suavizar os taninos.
   - No sul do Rhône, a combinação de Grenache, Syrah e Mourvèdre (GSM) cria vinhos robustos e multifacetados.

A importância da expressão sensorial em blends

A última camada de complexidade em qualquer mistura de vinho é a sua capacidade de transmitir uma experiência sensorial rica e envolvente. Cada vinho na mistura deve trazer algo único para a mesa, seja um aroma distintivo, uma textura particular ou um sabor que ressoa. A habilidade do enólogo de criar essa sinfonia de sensações é o que define um grande vinho blend.

A arte do *blending* é mais do que misturar vinhos. É criar uma experiência holística, celebrando a diversidade das uvas. Como falamos, é uma representação palpável da intersecção entre arte e ciência. Cada decisão, desde a escolha das uvas até o ajuste final da mistura, é feita com consideração meticulosa e com o objetivo de capturar a essência dos terroirs envolvidos, ao mesmo tempo que maximiza o potencial das variedades escolhidas.

Blending de uvas e mix de habilidades: a importância da diversidade cognitiva nas empresas

Assim como o processo em que o *blending* de uvas de diferentes terroirs e variedades pode ser essencial para criar um vinho de qualidade superior, a diversidade cognitiva nas empresas é um ingrediente fundamental para o sucesso organizacional. Não se trata apenas de reunir as pessoas mais talentosas, mas de combinar suas habilidades, experiências e formas de pensar para criar soluções inovadoras e eficazes. A inteligência coletiva — o desempenho de um grupo em sua totalidade — é amplamente determinada pela diversidade de pensamento e pela habilidade de integrar essas diferentes perspectivas de maneira harmoniosa.

Matthew Syed, em seu livro *Ideias rebeldes: a diversidade de pensamento transformando mentes* (2019), reforça que "existem muitos tipos de diversidade." Ele descreve "a diversidade demográfica (gênero, raça, idade, religião) e a diversidade cognitiva (diferenças de perspectiva, ideias, experiências e formas de pensar)".[5] Embora a diversidade demográfica seja crucial para o equilíbrio social, nossa analogia com o *blending* de uvas se concentra na diversidade cognitiva, pois ela é a força motriz por trás da inovação e reinvenção dentro das organizações.

No mundo do vinho, o enólogo escolhe uvas de diferentes variedades e vinhedos, maximizando as características únicas de cada tipo para criar uma mistura equilibrada, em que o todo é maior do que a soma das partes. Igualmente, no contexto profissional, grupos formados por pessoas com experiências e saberes diversos possuem maior capacidade para obter resultados excepcionais. Eles trazem diferentes formas de ver e interpretar o mesmo problema, gerando novas ideias e soluções que, muitas vezes, não seriam alcançadas se a equipe fosse homogênea.

O poder da diversidade cognitiva

Em um ambiente empresarial, a diversidade cognitiva é a base da vantagem competitiva e a chave para resolver problemas complexos. No entanto, isso não significa que um perfil é melhor do que o outro. Assim como em um blend de uvas, em que diferentes componentes precisam ser harmonizados, a verdadeira força de uma equipe está na capacidade de integrar essas diversas visões de mundo para criar algo inovador.

Na prática, a diversidade cognitiva pode ser visualizada no exemplo das próximas figuras, em que temos o "espaço do problema", como descrito por Syed. Imagine um retângulo que delimita todas as possíveis soluções para um problema ou desafio específico (Figura 3, p. 106). Quando apenas uma pessoa tenta resolver um problema, sua visão é limitada às suas próprias experiências e conhecimentos (Figura 4, p. 106) — tal como um vinho feito de uma única uva pode ser limitado em complexidade. Se essa pessoa está acostumada a pensar de uma determinada maneira, as soluções tendem a seguir um padrão tradicional, resolvendo o problema, mas sem a inovação necessária para lidar com questões mais complexas.

Agora, quando uma equipe homogênea trabalha em conjunto, compartilhando visões e ideias similares, ainda haverá uma certa limitação nas soluções encontradas. Ainda que os membros sejam habilidosos e perspicazes, se tiverem o mesmo pensamento, a solução será menos completa (Figura 5, p. 106). Esse grupo pode encontrar harmonia, porém isso pode comprometer a inovação autêntica, uma vez que a ausência de divergências restringe a exploração de novos pontos de vista.

A situação muda radicalmente quando uma equipe é composta por indivíduos com perspectivas e experiências variadas. Eles trazem diferentes "lentes" para interpretar o mesmo problema, expandindo o "espaço de solução" (Figura 6, p. 106). Esse é o ponto em que a diversidade cognitiva se assemelha ao *blending* de uvas: cada uva — ou, neste caso, cada perspectiva — adiciona uma nova camada de complexidade e riqueza à solução final. A equipe não precisa ser composta pelas pessoas mais "inteligentes" individualmente, mas sim pelas mais variadas em termos de pensamento. Essa diversidade gera polinização cruzada de ideias, resultando em inovação verdadeira.

A ciência da diversidade, como Matthew Syed pontua, mostra que essas equipes amplas e diversificadas oferecem um nível muito mais alto de inteligência coletiva. No entanto, para que essa variedade tenha efeito, é necessário que as vozes divergentes possam se expressar livremente. Quando um grupo diverso está subordinado a um líder dominante que inibe o contraditório, a capacidade cognitiva do conjunto diminui, pois todos começam a ajustar suas opiniões para alinhar-se ao líder, neutralizando o benefício da diversidade (Figura 7, p. 106).

Em um estudo realizado pela McKinsey & Company em 2020, a diversidade cognitiva foi identificada como um dos

Figura 3

Figura 4

Figura 5

Figura 6

Figura 7

principais fatores que impulsionam a inovação nas empresas. Equipes que abraçam diferentes perspectivas e habilidades demonstram maior capacidade de adaptação e resolução de problemas, superando empresas que se mantêm homogêneas em sua forma de pensar e operar.[6]

Empresas bem-sucedidas reconhecem o valor da diversidade cognitiva e a utilizam como uma vantagem competitiva. Entendem que, como um blend de vinhos resulta de componentes harmonizados, o sucesso organizacional requer equipes colaborativas. Aproveitando as forças e visões únicas de cada membro, elas trabalham de forma integrada. Para garantir que a diversidade cognitiva atinja seu pleno potencial, é fundamental criar uma cultura que incentive a abertura, o debate construtivo e a experimentação.

Ao final, tanto no mundo do vinho quanto no ambiente empresarial, a verdadeira maestria está em harmonizar as diferenças para criar um produto final que seja maior do que a soma de suas partes. Que cada garrafa de vinho aberta, assim como cada reunião de negócios, sirva como um lembrete das infinitas possibilidades que surgem quando combinamos habilidades e perspectivas diversas para alcançar algo realmente extraordinário.

Case 2: a importância da diversidade nos grupos de agilidade

A introdução ao case

No seguimento do case anterior sobre a transformação ágil em uma empresa centenária e global, este estudo de caso se concentra na importância crucial da diversidade cognitiva nas equipes ágeis. A narrativa enfatiza como a falta de diversidade, além da dimensão demográfica, pode impactar negativamente a inovação e a eficácia dos esforços de transformação.

Definição de diversidade no contexto ágil

A diversidade em um contexto ágil não se refere apenas à inclusão de indivíduos de diferentes departamentos ou contextos demográficos. É essencial incorporar uma multiplicidade de habilidades, experiências e formas de pensar — o que denominamos heterogeneidade cognitiva. Como vimos anteriormente e sugerido por Matthew Syed em *Ideias rebeldes* (2021), a diversidade cognitiva é o motor que impulsiona a inovação e a resolução criativa de problemas dentro das equipes ágeis.

Desafios da falta de diversidade cognitiva

A transformação ágil na empresa destacada mostrou uma lentidão significativa, atribuída em parte à formação inadequada dos times ágeis. Os membros das equipes muitas vezes foram escolhidos com base em sua área funcional, sem considerar se "queriam ou podiam" participar efetivamente dos esforços ágeis. Isso resultou em uma baixa diversidade cognitiva e em uma capacidade reduzida de gerar soluções inovadoras e eficazes.

Para se ter sucesso no modelo ágil, é vital formar equipes com um equilíbrio adequado entre o que eu classifico em: falar, fazer e pensar. Cada um desses componentes traz uma dimensão crítica para o sucesso da equipe:

- *Falar* envolve comunicação e a capacidade de articular ideias.
- *Fazer* refere-se à habilidade de executar tarefas e implementar soluções.
- *Pensar* envolve reflexão crítica e a capacidade de considerar alternativas complexas.

Recomendações baseadas na literatura de modelos ágeis:

- *Formação consciente de equipes*: envolve grupos de pessoas que, coletivamente, possuem todas as habilidades e conhecimentos necessários para fazer o trabalho e compartilhar ou adquirir essas habilidades conforme necessário.[8]
- *Promoção da diversidade cognitiva*: encorajar e facilitar a diversidade de pensamento dentro das equipes para melhorar a resolução de problemas e a inovação.[7]
- *Cultura de feedback e aprendizado*: cultivar um ambiente em que o feedback é valorizado, uns aprendem com os outros, as diferenças são vistas como oportunidades para extrair conhecimento e experiências colaborativas.[9]

A diversidade dentro das equipes ágeis não é apenas uma questão de equidade ou cumprimento normativo, é uma estratégia essencial para fomentar a inovação e a adaptabilidade em ambientes empresariais complexos e em constante mudança.

A analogia com a mistura de vinhos ilustra como a combinação de diferentes perfis e habilidades pode criar uma sinergia que transcende as capacidades individuais.

A tabela a seguir resume os principais pontos em que podemos observar a analogia entre o *blending* de uvas na produção de vinhos e a diversidade de habilidades nas equipes nas empresas:

Aspectos do *blending* de vinhos	Aspectos da diversidade de habilidades em equipes	Analogia
Seleção de uvas com características únicas.	Seleção de indivíduos com habilidades e experiências diversas.	Assim como diferentes uvas trazem qualidades únicas para um blend de vinho, a variedade de habilidades e experiências enriquece a equipe e promove soluções inovadoras.
Mistura para equilibrar sabores e complexidade.	Integração de perspectivas variadas para equilibrar a dinâmica da equipe e enriquecer ideias.	A mistura de diferentes uvas visa criar um vinho equilibrado e complexo; analogamente, equipes diversificadas tendem a ser mais inovadoras e eficazes ao abordar desafios complexos.
Uso de diferentes técnicas e condições de fermentação.	Uso de diferentes métodos de trabalho e ambientes operacionais.	Diferentes técnicas na vinificação, como a fermentação em variados recipientes, correspondem ao uso de variadas práticas de trabalho em equipe, ajustadas conforme a tarefa.

(continua)

(cont.)

Aspectos do *blending* de vinhos	Aspectos da diversidade de habilidades em equipes	Analogia
Blending visando um produto final superior.	Colaboração em equipe visando resultados superiores.	Assim como o *blending* procura exceder a soma das partes dos vinhos, a diversidade em equipes busca superar os limites individuais para alcançar um desempenho excepcional.

A Figura 8 ilustra as mudanças nos níveis de açúcares, ácidos e aromas desejados nas uvas ao longo do tempo, desde a floração até o ponto ideal de colheita. Nota-se que os açúcares aumentam, os ácidos diminuem e os aromas desejados evoluem com o tempo. Também estão destacados pontos específicos como o início da maturação (*véraison*), o estado submaturado, a janela de colheita e o estado sobrematurado.

Vamos falar um pouco sobre liderança e adaptação nos negócios. Discutimos a relevância da cultura organizacional, a seleção criteriosa das pessoas, a formulação de estratégias eficazes e a execução dessas estratégias através das equipes. A importância da diversidade nas equipes, como falamos, é um ponto crucial, pois traz diferentes perspectivas e soluções inovadoras. No entanto, tudo isso não é viável, especialmente no mundo dinâmico e competitivo em que vivemos, sem a presença de bons líderes e a capacidade de nos adaptarmos ao ambiente que nos cerca.

A liderança eficaz é fundamental para guiar as equipes em tempos de mudança e incerteza. Bons líderes não apenas inspiram, mas também promovem um ambiente em que a diversidade de ideias e experiências é valorizada. Isso se traduz em uma cultura organizacional que fomenta a inovação e a criatividade.

Primeiro, podemos olhar, continuando a analogia do vinho, para o processo pelo qual as uvas passam. Assim como a maturação das uvas segue um processo natural e gradual, a liderança também passa por fases distintas de evolução. Vejam a Figura 8, em que, durante a fase de maturação, elas aumentam a quantidade de açúcar, diminuem a acidez e incrementam os aromas desejados.

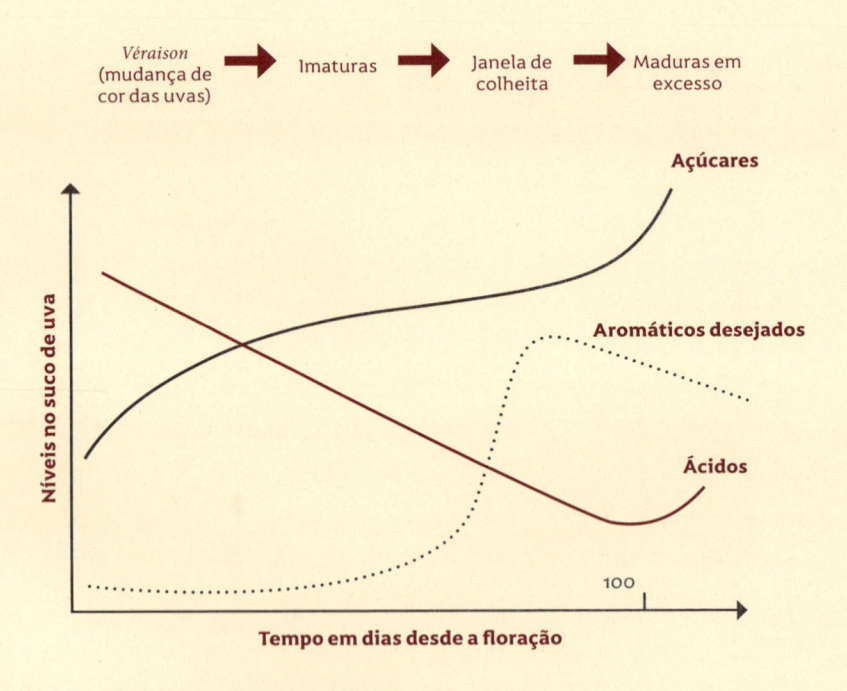

Figura 8: Mudanças nos níveis de açúcares, ácidos e aromas na uva ao longo do tempo.
Fonte: Adaptado de Bird (2021).[1]

Assim como a maturação das uvas segue um processo natural e gradual, a liderança também passa por fases distintas de evolução. No próximo capítulo serão apresentados três estágios de desenvolvimento de liderança: liderança conformista, liderança transformacional e liderança servidora. Cada estágio representa um nível crescente de eficácia, semelhante ao aumento dos açúcares nas uvas durante a maturação, que culmina no sabor e equilíbrio perfeito de um grande vinho. Segundo pesquisas de Bob Anderson e Bill Adams em *Mastering leadership* (2016), entre 60% a 70% dos líderes permanecem no estágio de liderança conformista, enquanto apenas 30% a 40% avançam para os estágios superiores de liderança transformacional e servidora. A liderança servidora é considerada a mais eficaz, trazendo um impacto mais profundo tanto para as organizações quanto para a sociedade.[2]

Referências

1. BIRD, D; QUILLE, N. *Understanding wine technology*: the science of wine explained. [S.I.] DBQA Publishing, 2021, p. 175-176.
2. WIELS CELLAR. *The art of blending: creating balance in winemaking*. Disponível em: https://www.wienscellars.com/the-art-of-blending-creating-balance-in-winemaking/. Acesso em: 5 out. 2024.
3. SOMMELIER BUSINESS. *The art of blending wines – the famous wine blends*. Disponível em: https://sommelierbusiness.com/en/

articles/insights-1/the-art-of-blending-wines-the-famous-wine-blends-310.htm. Acesso em: 6 out. 2024.

4. QUARIN, J. *Guide Quarin: des vins de Bordeaux*. França: Solar, 2011. p. 34-38.

5. SYED, M. *Ideias Rebeldes*: a diversidade de pensamento transformando mentes, o poder de pensar diferente. Rio de Janeiro: Alta Life, 2021. p. 15.

6. McKINSEY & COMPANY. *Diversity wins: how inclusion matters*. Disponível em: https://www.mckinsey.com/~/media/mckinsey/featured%20insights/diversity%20and%20inclusion/diversity%20wins%20how%20inclusion%20matters/diversity-wins-how-inclusion-matters-vf.pdf. Acesso em: 10 ago. 2024.

7. KNIBERG, H; IVARSSON, A. *Scaling Agile @ Spotify with tribes, squads, chapters & guilds*. Disponível em: https://blog.crisp.se/wp-content/uploads/2012/11/SpotifyScaling.pdf. Acesso em: 1 out. 2024.

8. SCHWABER, K; SUTHERLAND, J. *Scrum: o guia Scrum, o guia definitivo para Scrum: as regras do jogo*. 2020. Disponível em: https://www.studocu.com/pt-br/document/universidade-sao-francisco/artigo-cientifico-cafeina/scrum-guide-2020-portugues/83296343. Acesso em: 15 ago. 2024.

9. LARSEN, D; NIES, A. *Liftoff: start and sustain successful agile teams*. Raleigh: The Pragmatic Programmers, 2016. p. 26.

10. WINEMAKER MAGAZINE. *Blending batches: tips from the pros*. Disponível em: https://winemakermag.com/article/95-blending-batches-tips-from-the-pros. Acesso em: 5 out. 2024.

Leitura complementar

DIANA, L. *Agile retrospectives: making good teams great*. 2006.
ROBINSON, J. *The Oxford companion to wine*. Oxford: Oxford University Press, 2015.

CAPÍTULO 4

Adaptação e liderança

A maturação da liderança

No ciclo de uma videira, as uvas passam por fases críticas de desenvolvimento, que influenciam diretamente a qualidade do vinho final. Da mesma forma, a liderança nas empresas também amadurece em etapas, cada uma com seu próprio impacto nas pessoas e nos resultados organizacionais.

Liderança conformista: o início do processo

Assim como a primeira fase da maturação da uva, quando os bagos ainda estão verdes e cheios de acidez, a **liderança conformista** se caracteriza por um foco estrito em regras, tarefas e controle. Esses líderes tendem a agir de forma reativa, guiados pelas normas organizacionais, assim como a videira segue seu curso natural de crescimento inicial. Há uma dependência de estruturas hierárquicas, o que limita a capacidade de inovação e adaptação. Embora essa fase tenha seu valor em garantir a consistência operacional, ela não é suficiente para sustentar o crescimento ou lidar com os desafios complexos que as empresas modernas enfrentam. Líderes conformistas, assim como as uvas verdes, ainda precisam amadurecer para liberar seu verdadeiro potencial.

Liderança transformacional: o *véraison* da liderança

O processo de **véraison** nas uvas, quando elas mudam de cor e começam a ganhar doçura, é comparável à liderança transformacional. Nesta fase, o líder vai além das etapas anteriores, passando a ter uma visão clara e envolvendo as pessoas por meio de sua capacidade de ajudá-las a atingir seus objetivos, encorajando-as a serem criativas. Adicionalmente, ele tem a capacidade de inspirar sua equipe, promovendo uma mudança significativa tanto nos liderados quanto na organização. Assim como as uvas começam a concentrar açúcares e intensificar seus sabores, o líder transformacional motiva e empodera os colaboradores, incentivando a autonomia e a inovação. Eles conectam os objetivos individuais dos membros da equipe com a visão organizacional, criando um ambiente de confiança, colaboração e respeito. Tal como as uvas que amadurecem e atingem um novo patamar de qualidade, esses líderes têm um impacto profundo, ajudando a organização a superar desafios e se adaptar rapidamente às mudanças.

Liderança servidora: a plena maturidade

Na fase final da maturação da uva, os açúcares estão no seu auge, a acidez está equilibrada e os aromas desejados aparecem em grande quantidade. Essa fase corresponde à **liderança servidora**, o estágio mais elevado de liderança. Assim como um enólogo busca o equilíbrio perfeito entre todos os elementos de uma uva madura, o líder servidor harmoniza os objetivos da organização com o bem-estar dos colaboradores, da sociedade e do meio ambiente. Mais do que simplesmente liderar, o líder servidor é capaz de fomentar um crescimento pessoal e coletivo, garantindo que cada indivíduo atinja seu pleno potencial enquanto contribui para o propósito maior da organização. Esse tipo de liderança não só garante uma performance organizacional superior, mas também promove um impacto social positivo. Ele literalmente está a serviço das pessoas.

As capacidades de um líder servidor

A liderança servidora, assim como o vinho bem amadurecido, exige uma série de capacidades que garantem não só o sucesso empresarial, mas também o equilíbrio com as responsabilidades sociais e ambientais. De acordo com Stoppelenburg (2018), a seguir estão as sete principais capacidades de um líder servidor, e adicionamos as possíveis analogias com o mundo do vinho:

1. **Autoconsciência:** como um enólogo que entende profundamente as condições do seu terroir, o líder servidor precisa estar ciente de seus valores, emoções e pontos fortes, transmitindo confiança e autenticidade. Isso estabelece um alicerce firme de respeito e confiança para a equipe.
2. **Gentileza:** assim como um vinicultor cuida com carinho das videiras para obter o melhor resultado, um líder servidor é solidário, está sempre disponível e presente

além de ser atencioso com sua equipe. Eles levantam questões difíceis de maneira cuidadosa, promovendo melhorias genuínas e duradouras.

3. **Conexão emocional:** entender as forças, fraquezas e questões pessoais individuais de cada membro da equipe é tão crucial quanto conhecer as características de cada safra. Essa compreensão profunda gera lealdade e comprometimento, criando uma cultura de transparência e segurança.

4. **Empoderamento por meio da colaboração:** assim como o *blending* de diferentes lotes de vinho pode criar um produto mais complexo e equilibrado, o líder servidor promove colaboração, alto nível de autonomia, gerando um sentimento de comunidade, e permite que as pessoas influenciem seu próprio trabalho e futuro. Como resultado, temos mais performance e motivação.

5. **Propósito e direção:** um líder servidor é movido por uma visão clara e corajosa, assim como um vinicultor trabalha anos para criar um vinho de alta qualidade. Eles guiam a equipe com uma visão compartilhada que inspira ações concretas.

6. **Conexão de sistemas:** assim como um enólogo considera o impacto de cada escolha no vinho final, o líder servidor compreende as conexões complexas dentro e fora da organização, influenciando o sistema para melhorar o todo.

7. **"O mordomo":** o líder servidor vê o sucesso da organização como parte de algo maior, assim como um grande vinho reflete não só a vinícola, mas também o terroir. Eles promovem o bem-estar organizacional em harmonia com a sociedade e o meio ambiente.

Do mesmo modo que a maturação das uvas é um processo que exige cuidado, paciência e conhecimento profundo, o desenvolvimento da liderança é uma jornada contínua. Cada estágio tem seu papel, mas é no equilíbrio e na evolução para a liderança servidora que encontramos o verdadeiro impacto organizacional e social. Ao aprender com os ciclos da natureza, podemos aplicar esses princípios à gestão de pessoas, criando organizações mais ágeis, inovadoras e socialmente responsáveis.

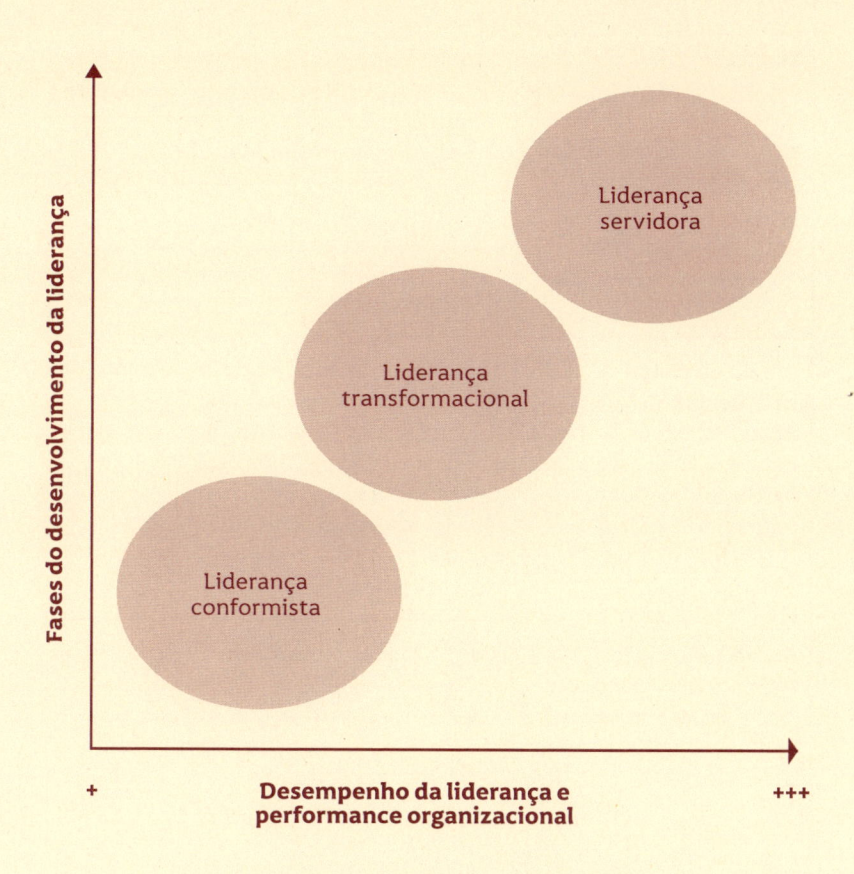

Figura 9: Fases do desenvolvimento da liderança.
Fonte: Adaptado de Stoppelenburg, 2018.[2]

Analogias entre o ciclo da uva e a evolução dos papeis e responsabilidades nas empresas:

Ciclo da uva	Ciclo das evoluções de papeis e responsabilidades nas empresas
Início da maturação (*véraison*): Níveis de açúcar começam a aumentar, ácidos ainda estão altos.	**Crescimento e formação** O executivo está no início de carreira, focado em aprender e desenvolver habilidades técnicas e operacionais. Este é o período de absorção de conhecimento, tal como o acúmulo de açúcares nas uvas.
Crescimento (*véraison* - pré-colheita): O açúcar continua a aumentar, os ácidos começam a diminuir.	**Desenvolvimento de liderança** O executivo evolui para papéis de liderança, em que começa a equilibrar a gestão de pessoas e riscos, assim como as uvas equilibram o aumento de açúcar e a redução de acidez.
Janela de colheita (maturidade): Açúcares estão no ponto máximo, ácidos estão baixos, aromáticos estão equilibrados.	**Tomada de decisão e gestão de riscos** O executivo atinge um nível de maturidade em que as decisões estratégicas precisam ser tomadas com precisão, tal como o momento certo de colheita determina a qualidade do vinho. O equilíbrio entre riscos e resultados (como açúcar e ácidos) é essencial.
Sobrematuração: Açúcares muito altos, risco de sabores "cozidos", ácidos quase inexistentes.	**Consolidação e mentoria** O executivo chega ao auge de sua carreira e foca transferir conhecimento para outros líderes, enquanto mantém sua capacidade estratégica. Contudo, há um risco de "excesso", como na sobrematuração, em que os açúcares elevados podem desequilibrar o resultado.

Uma leitura muito interessante que recomendo é o livro de Clark Smith, *Postmodern winemaking*,[3] que traz um conceito importante: "O lugar apropriado para a ciência na vinificação pós-moderna é a serviço do propósito do produtor de vinho: engarrafar algo que, quando aberto meses ou décadas depois, satisfaça a apreciação humana".[3] Ele argumenta que, embora a ciência tenha feito grandes progressos, é inegável que nosso conhecimento ainda está longe de ser completo. Classifica, então, as três categorias nas quais ainda temos muito a aprender, as quais alguns autores definem como:

1. Informações não coletadas ou aquilo que sabemos que não sabemos.
2. Invisível ignorância ou aquilo que não podemos questionar ou explorar devido à nossa limitada capacidade e padrões de pensamento fixos.
3. O imponderável experiencial, que é aquilo fundamentalmente misterioso ou que não conseguimos compreender usando a razão ou lógica atual.

O mundo dos negócios, hoje, se assemelha a um vinhedo constantemente afetado por mudanças climáticas: imprevisível e em constante transformação. As estratégias que antes eram vistas como soluções eficazes agora frequentemente falham em responder à nova realidade, marcada pela velocidade, incertezas e pela superficialidade de informações que circulam a uma rapidez sem precedentes. Assim como o enólogo precisa se adaptar às nuances de cada safra, as empresas devem abraçar um aprendizado contínuo e genuíno para sobreviver e prosperar.

O grande desafio não está mais em planejar cuidadosamente e esperar por resultados estáveis, mas sim em executar com agilidade em um cenário que se transforma quase instantaneamente. A execução eficiente, assim como uma boa colheita em um ano de condições difíceis, pode ser o diferencial entre o sucesso e o fracasso. Empresas que adotam uma postura aberta ao aprendizado, que enxergam o incerto como uma oportunidade, e não como um obstáculo, conseguem extrair o melhor de cada situação.

Uma boa prática que fizemos por vários anos foi o que chamamos de *inspirational tour*, que são visitas a diferentes locais, organizações ou eventos com o objetivo de inspirar ideias, novas perspectivas e fomentar a criatividade. Nesses tours, geralmente convidamos parte de nossas equipes para gerar mais criatividade, motivação para resolver problemas, melhorar processos, conhecer novas culturas, ampliar o networking ou criar novos projetos.

Mas divido com vocês um ponto de atenção: lembro-me de uma experiência em uma série de *inspirational tours* que realizamos em algumas startups. Nosso objetivo era identificar áreas em que poderíamos melhorar — enxergar os famosos "pontos cegos". No entanto, muitas vezes, o que encontrávamos era uma resistência velada por parte de nossa equipe. Quando as empresas compartilhavam suas boas práticas, ouvíamos algo como "Ah, já fazemos isso na nossa empresa" de nossos colaboradores. Essa competição por validação, em vez de uma postura de aprendizado genuíno, era um grande obstáculo. Perdemos a chance de evoluir, de aprender algo novo.

Minha recomendação é que sejamos mais abertos, não focando apenas o que já temos ou fazemos, mas buscando entender o que podemos enfrentar, aprendendo com aqueles que já passaram por isso. Isso diminui esforços, acelera a aprendizagem e potencializa os resultados.

Conrado Schlochauer, em seu livro *Lifelong learners: o poder do aprendizado contínuo,* faz referência ao autor Juan Ignacio Pozo, que nos dá quatro passos essenciais para enfrentarmos as mudanças rápidas da sociedade atual:

1. Diferenciar informação de conhecimento.
2. Abandonar a crença nas grandes verdades absolutas.
3. Aprender em rede.
4. Praticar o aprendizado contínuo.[4]

Essa abordagem ressoa nas empresas e na produção de vinho. Do mesmo modo que o terroir — o solo, o clima e as práticas de cultivo — molda o caráter do vinho, o ambiente de negócios, com suas incertezas e complexidades, molda o sucesso de um negócio. Para ambos, a chave para se destacar está no contínuo aprendizado e na adaptação. No vinho, cada safra traz seus desafios únicos, assim como cada novo cenário econômico traz suas próprias demandas. O enólogo que não se atualiza, que não experimenta novas técnicas, vê seus vinhos ficarem para trás. O mesmo ocorre nas empresas. Não podemos mais nos dar ao luxo de confiar apenas nas receitas de sucesso do passado.

Várias entidades, como a Unesco, já ressaltaram a importância da "aprendizagem ao longo da vida" para a construção de uma coesão social mais forte e uma paz duradoura. Da mesma forma, nas empresas, o aprendizado contínuo é vital para garantir uma cultura corporativa que abrace as mudanças e que esteja preparada para lidar com as adversidades. No mundo do vinho, isso é visto na constante busca por inovação — na adoção de práticas sustentáveis, na experimentação com novas cepas ou na adaptação às preferências do consumidor. Nos negócios, isso se traduz na adoção de novas tecnologias, na busca por soluções e na disposição de aprender com os próprios erros.

Conrado (2021) traz em seu livro informações de pesquisadores como Thomas e Seely Brown, que, em seu livro *A new learning culture*, destacam a importância da imaginação para um mundo em constante mudança. Para eles, precisamos sair de uma abordagem centrada em ensinar para uma baseada em aprender.[5] E isso vale tanto para uma sala de degustação quanto para uma sala de reuniões. O aprendizado deve ser proativo, colaborativo e contínuo. Em vez de esperar que as soluções venham de fora, devemos criar um ambiente em que o aprendizado floresça naturalmente.

Assim como no vinho, em que uma boa safra é fruto de aprendizado, experimentação e adaptação; nas empresas, o sucesso também vem de uma jornada de aprendizado constante. Analogias entre vinho e negócios não são acidentais. Ambos envolvem a combinação de arte e ciência. Ambos exigem uma compreensão profunda de processos, uma disposição para inovar e um compromisso com a excelência. E, mais importante, ambos demandam a humildade de aprender continuamente.

Em resumo, o aprendizado é a ponte entre a informação e o conhecimento aplicados. É o processo pelo qual transformamos o que sabemos em ações que nos permitem melhorar, seja na produção de um vinho de alta qualidade, seja na criação de um modelo de negócios bem-sucedido. O verdadeiro aprendizado, seja na adega, seja na sala de reuniões, acontece quando aplicamos o conhecimento e observamos nosso desempenho aprimorar-se. Aprender é, essencialmente, agir — e agir de forma melhorada e consciente.

Assim como um enólogo ajusta técnicas a cada safra, refletindo as condições climáticas e a qualidade das uvas, as empresas também precisam se adaptar. Elas devem ajustar constantemente suas estratégias, vendo o aprendizado contínuo como uma vantagem competitiva. Não é apenas sobre aprender — é sobre aplicar esse aprendizado para crescer e evoluir.

O mundo em que vivemos hoje, tanto no vinho quanto nos negócios, é dinâmico, interconectado e cheio de incertezas. No processo de vinificação, cada estágio, do cultivo da uva à fermentação, maturação e engarrafamento, influencia o resultado. Da mesma forma, as empresas precisam adotar uma abordagem sistêmica para lidar com ambientes complexos. As decisões tomadas em uma área impactam outras, muitas vezes de forma inesperada.

Peter Senge,[6] nos alerta sobre os desafios comuns que impedem as empresas de adotar uma visão sistêmica. Ele identifica oito elementos que, de forma recorrente, limitam essa abordagem, desde a ênfase exagerada em métricas de curto prazo até o gerenciamento por resultados, passando pela uniformidade de pensamento e pela fragmentação das operações. Esses fatores criam barreiras que impedem o aprendizado e a inovação dentro das organizações.[6]

O papel do pensamento sistêmico nas organizações

Pensamento sistêmico é uma habilidade essencial no mundo atual. Ao contrário de soluções isoladas e imediatas, ele nos ensina a enxergar a interdependência das nossas ações. Nas organizações, como nas vinícolas, a interação entre os diversos processos é crucial para o sucesso. Um bom enólogo sabe que cada decisão no vinhedo afeta a fermentação e o envelhecimento do vinho. Da mesma forma, nas empresas, as decisões estratégicas não podem ser feitas de forma isolada, sem considerar suas consequências a longo prazo.

No entanto, muitas empresas ainda operam de maneira fragmentada, focando resultados de curto prazo e menosprezando os intangíveis, que, no fundo, são os verdadeiros alicerces para a sustentabilidade e o sucesso duradouro. É como se uma vinícola focasse apenas a safra atual, sem considerar os impactos no solo, na biodiversidade ou na reputação da marca. Da mesma forma, uma empresa que busca crescimento imediato, sem uma visão clara do longo prazo, acaba por comprometer a sua sobrevivência em tempos de mudança.

Senge argumenta que "o domínio pessoal é o centro de tudo". Ou seja, para que uma organização adote verdadeiramente uma visão sistêmica, seus líderes e colaboradores precisam primeiro adotar uma mentalidade de aprendizado contínuo e autodesenvolvimento. Isso significa que a transformação começa no indivíduo, mas se amplifica no coletivo.[7]

A complexidade das decisões e o impacto sistêmico

No mundo dos vinhos, cada safra é única. O clima, o terroir, as técnicas empregadas — tudo está interconectado, e o resultado só pode ser compreendido quando observamos todo o processo. Da mesma forma, nas empresas, as decisões críticas geram impactos que se estendem ao longo do tempo e por diversas áreas. A questão é: estamos preparados para entender essas inter-relações? Estamos observando o "filme" completo, ou apenas uma "foto" de um momento específico?

A analogia se aprofunda quando olhamos para o que Senge chama de "perda do todo". Quando fragmentamos as operações e inovamos localmente sem entender como essas inovações se conectam ao quadro maior, arriscamos criar soluções que não são escaláveis ou podem até gerar problemas em outras áreas. Por exemplo, ao lançar um novo produto, uma empresa pode focar apenas o sucesso imediato de vendas, sem considerar os efeitos na cadeia de suprimentos, no atendimento ao cliente ou na sustentabilidade a longo prazo.

A estratégia sem o pensamento sistêmico acaba projetando lindos quadros do futuro, sem uma compreensão profunda das forças que precisam ser dominadas para podermos andar daqui para lá. Algo como o crescimento no ano 3 será excepcional com o mesmo portfólio e mesmo com os desafios que temos hoje, todos os nossos lançamentos serão um sucesso e trarão impacto positivo para a empresa com o mesmo recurso, estrutura organizacional e pessoas que temos hoje.

Esse é um dos motivos pelos quais muitas empresas que adotaram o modismo da visão recentemente viram que ter uma visão nobre e concreta, isoladamente, não transforma o destino da empresa.

Aí está o dilema essencial da aprendizagem que as organizações têm de enfrentar: aprendemos melhor com a experiência, todavia nunca experimentamos diretamente as consequências de nossas decisões mais importantes. Reservamos pouco tempo para ouvir e compreender se as alterações que implementamos tiveram um impacto positivo, se nossos planos estão de fato sendo postos em prática. As decisões críticas dentro de uma organização geram consequências que atingem o sistema em sua totalidade e estendem por anos ou décadas, mas falamos e revisamos pouco. Lembram-se da história do início do livro, da degustação das safras do vinho Château Gruaud Larose? Não fazemos isso no nosso dia a dia.

Um paradoxo: não discutimos muito as decisões do passado, pois queremos conversar sobre o futuro e, ao mesmo tempo, debatemos e pensamos no futuro com os elementos e cenários que temos hoje.

Outro equívoco segundo o autor é ficar se autodefinindo: "Somos uma organização que aprende", da mesma forma que não podemos dizer "sou uma pessoa iluminada". Quanto mais aprendemos, mais nos conscientizamos de nossa ignorância.

Nas empresas em que trabalhei, escutei muito durante as revisões dos planos de noventa dias: "O nosso aprendizado foi...". Porém, nos meses seguintes, nada do que eles chamavam de "aprendizado" foi mudado, alterado ou feito de forma diferente. Mais preocupante era voltar a escutar os mesmos pontos, reuniões após reuniões. Logicamente buscamos as respostas para esse tipo de comportamento. Identificamos que, no final, não era aprendizado, e sim fatos, verdades. Não estávamos comprometidos de dizer: "Agora que sabemos isso, como vamos trabalhar de outra forma para que isso não aconteça em nosso dia a dia?" E de fato a mensagem está bem clara: identificamos, mas não queremos mudar. As pessoas entendem, concordam, mas não agem porque não querem. E não querer não é um juízo negativo. Pode ser por diversas razões, porém estas razões devem ser identificadas e tratadas.

Senge[6] também fala sobre participação, comprometimento e aceitação. Ele elabora as possíveis atitudes de pessoas dentro das organizações quando expostas ao aprendizado e às

mudanças, às quais faço algumas pequenas adaptações com base no que vivemos:
1. Comprometimento (*early adopters*): são os que abraçam rapidamente as novas ideias e estão prontos para ajudar a mobilizar a organização.
2. Participação: quer e farão o possível "dentro da lei".
3. Observadores (*watch and wait*): eles estão em cima do muro e precisam de mais exposição antes de se comprometerem.
4. Politicamente corretos: concordam em teoria, fazem o que é esperado, mas não vão além.
5. Aceitação hostil: esses entendem a mudança, mas apenas a adotam porque não querem perder o emprego.
6. Resistentes: oposições mais fortes que minam o processo, muitas vezes boicotando as iniciativas de maneira mais direta.
7. Apatia: nem contra nem a favor. Desinteressados e sem energia.

Um exemplo prático que reforça isso é a introdução do modelo ágil em nossa empresa, quando encontramos resistência. Em vez de escutar genuinamente todas as pessoas durante essa fase inicial de implementação, a recomendação dos líderes foi "gentilmente ignorar" as vozes contrárias ou os grupos que não fossem os *early adopters*.

Esse foi um grande erro. Desconsiderar a resistência é como negligenciar os sinais de alerta no vinhedo: pequenas pragas ou mudanças no solo que, se não tratadas, podem arruinar a safra. Da mesma forma, em uma organização, escutar as diversas vozes e entender as resistências é fundamental para uma implementação bem-sucedida de qualquer mudança.

Assim como no manejo de um vinhedo, em que cada parcela da terra pode exigir um tratamento diferente, os líderes de uma organização precisam saber como engajar e trabalhar cada um desses grupos de forma eficaz. Não se trata de uma abordagem única para todos, mas de entender as motivações por trás de cada comportamento e agir de forma personalizada para criar um ambiente de aprendizado e colaboração genuína, mesmo que decisões difíceis tenham que ser tomadas.

Lembre-se de que um vinhedo é um ecossistema vivo e interconectado, e as organizações também são. Pensamento sistêmico significa ver como cada ação pode reforçar ou minar outras partes do sistema. Nas empresas, nosso dia a dia precisa levar em conta essa compreensão de que o ambiente é um sistema em constante movimento, em que as causas e os efeitos se entrelaçam. O pensamento sistêmico nos permite enxergar além das soluções rápidas e fáceis, convidando-nos a olhar para as interconexões profundas que moldam nosso ambiente. Empresas que adotam essa abordagem, assim como vinícolas que respeitam o ciclo completo de suas safras, conseguem construir uma base sólida para o futuro.

Liderança como design e navegação

Por fim, Senge[6] nos oferece uma nova visão de liderança além da tradicional e de que gosto muito como referência. Em vez de apenas "capitães do navio", os líderes devem ser os "designers" do navio, aqueles que orquestram os sistemas para que a organização possa navegar em águas desconhecidas. Eles consideram todas as variáveis, antecipam os desafios e formam uma estrutura capaz de se adaptar e prosperar. Essa é a verdadeira arte de liderar uma organização que aprende.

Em suma, o pensamento sistêmico nos convida a ver além das superfícies e a explorar as interconexões que sustentam tanto o sucesso nos negócios. No mundo do vinho, os grandes enólogos são aqueles que entendem profundamente o sistema em que trabalham. Não se trata apenas de produzir a bebida perfeita a cada colheita, mas de criar as condições ideais para que a bebida evolua, amadureça e reflita o melhor do terroir. Da mesma forma, os líderes nas empresas de hoje precisam criar as condições para que suas equipes aprendam, cresçam e se adaptem continuamente.

A importância dos líderes na cultura da colaboração

Um enólogo experiente orquestra todas as partes da produção de vinho. Da mesma forma, líderes em empresas devem atuar como facilitadores. Eles são responsáveis por criar um ambiente ideal em que o time colabora, evitando competição destrutiva. Nas empresas, líderes eficazes são aqueles que estabelecem as condições para que o trabalho em equipe floresça, assegurando que as metas individuais estejam sempre alinhadas com os objetivos organizacionais.

Sucesso no mundo dos vinhos é um esforço coletivo. Da mesma forma, nas empresas, a verdadeira vitória vem quando todos estão remando na mesma direção. A competição interna pode parecer uma maneira rápida de gerar resultados, mas, a longo prazo, ela corrói a cultura, destrói a colaboração e impede que o time atinja seu potencial máximo.

Assim como em uma degustação de vinhos, em que procuramos harmonia, complexidade e equilíbrio, o sucesso nas empresas vem de equipes que trabalham de forma integrada. Não há lugar para competições destrutivas que impedem o crescimento. Tal como no vinho — em que acidez, corpo, tanino e aromas precisam harmonizar —, uma equipe de alto desempenho funciona do mesmo modo. Cada membro contribui com sua força individual, criando algo maior e melhor do que alcançaria sozinho.

Competir pode ser natural, mas colaborar é o que eleva o time e a empresa a um novo patamar de sucesso e excelência. O sucesso coletivo é sempre mais saboroso e duradouro do que qualquer vitória individual.

Competição interna: um jogo que nenhum time pode ganhar

No universo do vinho, assim como no mundo corporativo, a colaboração é o segredo para o sucesso duradouro. Imagine uma vinícola em que cada etapa — desde o cultivo das uvas até a fermentação e o engarrafamento — funciona de maneira integrada. O resultado dessa harmonia é uma bebida que exala qualidade, equilíbrio e alma. Agora, visualize o oposto: e se o enólogo tentasse brilhar mais que o viticultor, escondendo técnicas ou desprezando o processo anterior? O que teríamos nas taças? Certamente, um vinho desconexo, sem a elegância e a complexidade que se espera de um produto final bem elaborado.

O que era para ser uma obra-prima se torna um rótulo comum e, muitas vezes, esquecível.

Nas empresas, essa mesma falta de alinhamento ocorre quando há mais competição interna do que cooperação. Embora muitos acreditem que uma "rivalidade saudável" dentro das equipes pode impulsionar o desempenho, na prática, isso gera desgaste, fragmentação e, por fim, enfraquece o time. Em vez de colaboração e inovação, o que surge é a sabotagem silenciosa e a perda de foco nos objetivos coletivos.

A competição silenciosa: quando a falta de harmonia distorce o resultado

Pense na experiência de uma degustação de vinhos. Para que um vinho seja considerado excelente, é preciso que seus elementos — a acidez, os taninos, o corpo e os aromas — estejam perfeitamente integrados. Se um desses componentes for exagerado, o vinho perde sua harmonia, tornando-se descompensado e desprovido de elegância. Da mesma forma, uma equipe de alto desempenho é aquela que age em sintonia, na qual cada membro entende o valor de sua função, mas reconhece que o sucesso só será alcançado se todos trabalharem juntos em direção a um objetivo comum.

Em muitas empresas, existe uma "competição silenciosa", que, muitas vezes, passa despercebida. Membros do time que buscam ser os favoritos da liderança, que querem se destacar isoladamente, acabam ofuscando o esforço coletivo. A competitividade silenciosa corrói as relações e enfraquece o grupo.

É como um vinho que, inicialmente, parece encantador, mas cujas imperfeições começam a surgir à medida que a falta de equilíbrio se torna evidente.

Patrick Lencioni, em *Os 5 desafios das equipes* (2015), diz:

> Ao longo de minha experiência trabalhando com CEOs e suas equipes, duas verdades essenciais se tornaram claras para mim. A primeira é que o verdadeiro trabalho em equipe continua ilusório. A segunda é que as empresas não conseguem um bom trabalho em equipe porque, sem perceber, caem em cinco armadilhas naturais (disfunções). Para ele os 5 desafios são: a falta de confiança, o medo de conflitos, a falta de comprometimento, evitar responsabilizar os outros e falta de atenção aos resultados.[8]

A seguir, podemos dividir algumas recomendações para auxiliar líderes a identificar e enfrentar os desafios internos das equipes, assegurando que a gestão seja não apenas uma questão de direção, mas também de inspiração e suporte contínuo.

- **Falta de confiança:** a confiança é a pedra fundamental das relações funcionais dentro das equipes. Sem confiança, os membros da equipe hesitam em se mostrar vulneráveis entre si, comprometendo a abertura e a sinceridade necessárias para a construção de um verdadeiro espírito de equipe. Líderes devem estimular um ambiente em que a vulnerabilidade é vista como um ponto de força, não de fraqueza.
- **Medo de conflitos:** conflitos, quando orientados para objetivos construtivos, são essenciais para o desenvolvimento de decisões bem pensadas e inovação. A ausência

de confrontos honestos sobre ideias leva a decisões medíocres. Líderes eficazes cultivam um ambiente em que o debate é incentivado e as opiniões divergentes são valorizadas dentro do marco de respeito e harmonia.

- **Falta de comprometimento:** sem clareza e debate aberto, é difícil para os membros da equipe se comprometerem verdadeiramente com decisões. "Esse não é o que acredito", "Isso chegou *top down*" ou "no meu setor é diferente e não funciona assim", são frases que escutamos de nossas pessoas quando existe a falta de comprometimento. Como líder, é crucial facilitar discussões claras e decisivas que levem a um alinhamento e compromisso com os planos de ação.

- **Evitar responsabilizar os outros:** o compromisso com um plano de ação deve ser acompanhado pela vontade de se responsabilizar mutuamente. Quando os membros da equipe não são capazes de alertar seus colegas por suas atitudes ou falta delas, os padrões começam a diminuir. Líderes devem estabelecer culturas em que o feedback construtivo e a responsabilização são normas aceitas e encorajadas.

- **Falta de atenção aos resultados:** equipes que não focam coletivamente em resultados específicos podem ver seus esforços dissipados em objetivos individuais ou triviais. Líderes devem garantir que os esforços da equipe estejam alinhados com as metas da organização, incentivando todos a colocarem os resultados do grupo acima das ambições pessoais.

Para líderes que buscam gerir e transformar suas equipes, é essencial entender e abordar essas disfunções. Promover um ambiente em que a confiança, o engajamento em conflitos produtivos, o comprometimento com decisões coletivas, a responsabilização mútua e o foco em resultados coletivos são cultivados pode significar elevar o desempenho da equipe e levar a resultados substanciais para a organização.

Como redirecionar a competitividade para o coletivo

A solução não é eliminar a competitividade, mas transformá-la. No mundo dos vinhos, é necessário que todos os envolvidos — do viticultor ao sommelier — compartilhem o mesmo objetivo: criar um vinho que cative, que seja memorável e equilibrado. Nas empresas, o princípio é o mesmo. Cada talento individual deve brilhar, mas sempre a serviço de um bem maior: o sucesso do grupo.

Aqui estão alguns elementos essenciais para transformar uma cultura de competição destrutiva em colaboração:

- **Estabelecer um propósito comum:** no vinho, a meta final é simples: criar uma garrafa extraordinária que será apreciada por quem a provar. Nas empresas, é crucial que todos compartilhem uma visão clara e um objetivo maior. Quando o destino é o mesmo para todos, a vontade de colaborar aumenta, e a competição se dissolve naturalmente.
- **Valorização da diversidade de papéis:** em uma vinícola, o viticultor, o enólogo, o sommelier e o agricultor têm igual importância. Todos são essenciais. Nas empresas, é importante reconhecer que cada função

tem um papel crucial no sucesso do todo. Diversidade de habilidades e perspectivas é o que fortalece o time. Quando isso é valorizado, o espírito da competição destrutiva diminui.

- **Transparência e comunicação clara:** no vinho, a clareza dos sabores é fundamental para criar uma experiência única. Da mesma forma, a comunicação transparente dentro das equipes elimina o espaço para a desconfiança e a rivalidade. Quando todos sabem o que está acontecendo e compreendem como suas funções se interligam, o ego perde importância, e a colaboração se torna o foco.
- **Cultura de reconhecimento coletivo:** no mundo do vinho, os grandes rótulos só surgem quando todos — viticultores, enólogos, distribuidores — fazem o seu melhor. Da mesma forma, nas empresas, o reconhecimento não deve ser voltado apenas aos indivíduos, mas ao grupo. Ao celebrar o sucesso coletivo, as empresas reforçam o valor da colaboração e criam uma cultura em que o todo é maior que a soma das partes.

Com base nos desafios encontrados tanto nas empresas quanto na vitivinicultura, a falta de aprendizado contínuo e de visão sistêmica pode causar impactos negativos que afetam a sustentabilidade e o crescimento de ambas as áreas. A seguir, segue uma tabela comparando esses desafios:

Desafios na vitivinicultura	Desafios nas empresas	Impactos da falta de aprendizado contínuo e visão sistêmica
Falta de adaptação às mudanças climáticas	Resistência a inovações e novas tecnologias	Sem aprendizado contínuo, tanto as vinícolas quanto as empresas não conseguem inovar nem se adaptarem a mudanças, como tecnologias emergentes ou mudanças de mercado.
Uso excessivo de produtos químicos e monoculturas	Cultura de "fazer sempre do mesmo jeito"	A falta de visão sistêmica mantém a viticultura dependente de práticas insustentáveis, enquanto, nas empresas, cria-se estagnação, inibindo a inovação e a melhoria contínua.
Desconexão entre diferentes fases do processo de produção	Silos organizacionais entre departamentos	A falta de integração entre as áreas da vinícola ou da empresa impede uma visão holística, resultando em produtos e serviços desconectados ou de menor qualidade.
Foco apenas na produção sem considerar o impacto ambiental	Visão de curto prazo para atender metas financeiras imediatas	Em ambos os casos, a ausência de uma visão de longo prazo impede o desenvolvimento sustentável e compromete o futuro da empresa ou da vinícola.

(continua)

(cont.)

Desafios na vitivinicultura	Desafios nas empresas	Impactos da falta de aprendizado contínuo e visão sistêmica
Desvalorização de práticas tradicionais sustentáveis	**Desconsideração por conhecimentos adquiridos e boas práticas**	Na viticultura, desprezar práticas sustentáveis afeta a qualidade e a biodiversidade. Nas empresas, desconsiderar lições anteriores compromete o crescimento.
Falta de investimento em desenvolvimento humano (trabalhadores agrícolas)	**Pouca atenção à capacitação e ao desenvolvimento dos colaboradores**	A falta de aprendizado contínuo impede que tanto os trabalhadores da vinha quanto os funcionários da empresa evoluam em suas funções, impactando a eficiência e inovação.
Ausência de integração entre viticultores, enólogos e vendedores	**Falta de alinhamento entre operações, vendas e atendimento ao cliente**	Sem colaboração, tanto o vinho quanto os produtos empresariais ficam desalinhados com as expectativas do cliente final, resultando em perda de qualidade e competitividade.
Desperdício de recursos naturais sem um plano de recuperação	**Uso ineficiente de recursos financeiros e humanos**	A ausência de uma visão sistêmica leva ao esgotamento de recursos (naturais ou organizacionais), tornando a operação insustentável a longo prazo.

(continua)

(cont.)

Desafios na vitivinicultura	Desafios nas empresas	Impactos da falta de aprendizado contínuo e visão sistêmica
Falta de inovação nos processos de vinificação	Dependência de processos ultrapassados e relutância em adotar novas soluções	Sem aprendizado contínuo, as vinícolas mantêm métodos antiquados, enquanto as empresas falham em se modernizar e acompanhar tendências globais.
Competição interna entre diferentes áreas de uma vinícola	Competição interna entre departamentos ou funcionários	Sem uma visão sistêmica, a competição interna destrói o senso de colaboração, levando a resultados fragmentados e menor desempenho tanto no vinho quanto no mercado empresarial.

    A falta de aprendizado contínuo e de visão sistêmica representa um desafio crítico para ambos os setores. No mundo do vinho, essa deficiência pode comprometer a sustentabilidade da produção, a qualidade do produto final e a capacidade de se adaptar às mudanças climáticas e tecnológicas. Nas empresas, a falta desses elementos cria silos organizacionais, promove a ineficiência, reduz a inovação e prejudica o crescimento a longo prazo.

    A solução para ambos os cenários envolve a criação de uma cultura de aprendizado contínuo, em que as equipes e departamentos trabalhem em harmonia, com uma visão ampla e integrada, alinhada às tendências do futuro. Isso permitirá que tanto vinícolas quanto as empresas prosperem em um ambiente competitivo e em constante evolução.

Foco na jornada não somente no destino.

As Figuras 10 e 11 ilustram bem alguns exemplos das jornadas tanto na vitivinicultura quanto no mundo dos negócios, demonstrando como diferentes decisões ao longo do caminho podem alterar o destino final, seja no produto, seja nos resultados empresariais.

Na viticultura, por exemplo, o tamanho da baga ou o rendimento da videira depende de práticas como sombreamento, poda, desbaste de cachos ou déficits hídricos. Cada uma dessas ações influencia diretamente atributos sensoriais do vinho, como a cor, o tanino e os sabores frutados ou vegetais. Não é o destino que importa, mas a jornada: as escolhas feitas ao longo do processo que moldam a qualidade do vinho.

Essa analogia se aplica também ao mundo dos negócios. Quando pensamos na satisfação do cliente ou no trabalho em equipe, as decisões tomadas durante a trajetória da empresa têm um impacto profundo no resultado. Um foco excessivo em planos tradicionais e genéricos, ou a falta de clareza nas mensagens-chave, pode levar a uma baixa retenção de marca e à criação de silos internos. Por outro lado, uma jornada que prioriza conversas difíceis, confiança mútua e inovação resulta em maior comprometimento, penetração de mercado e criatividade.

Assim como na vitivinicultura, em que o manejo das videiras altera o destino do vinho, nas empresas, o foco na jornada — as interações internas, a cultura organizacional e as estratégias aplicadas — define o sucesso. As escolhas feitas ao longo do caminho moldam os atributos que serão "colhidos", seja um vinho de qualidade superior, seja uma empresa com clientes satisfeitos e equipes engajadas.

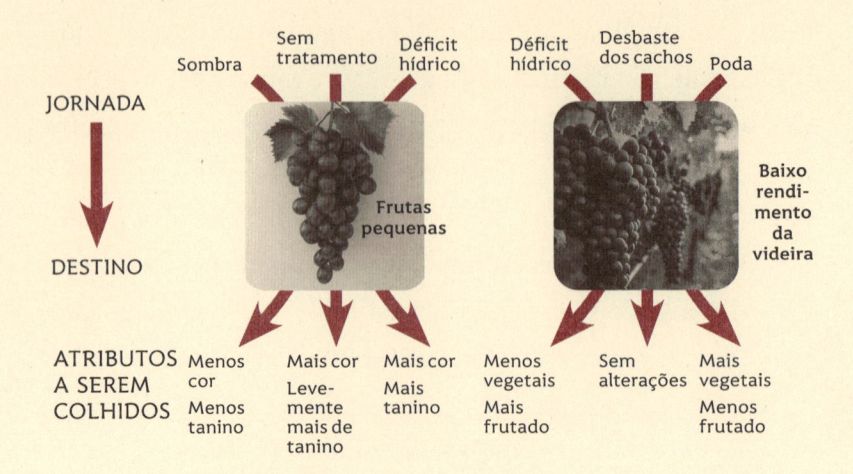

Figura 10: Não é o destino, mas a jornada que afeta a fruta resultante.
Fonte: Adaptado de MATTHEWS.[9]

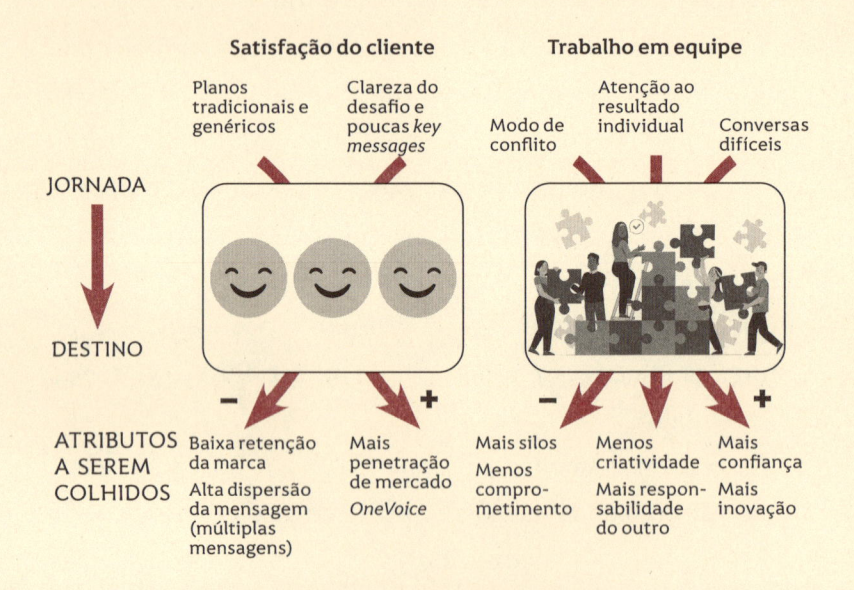

Figura 11: Possíveis impactos na satisfação do cliente e no trabalho em equipe devido à alteração da forma como trabalhamos (jornada).

Esse conceito de jornada, mais importante que o destino, nos lembra que em ambos os mundos, vitivinicultura e negócios, não há atalhos. Cada decisão, por mais simples que pareça, impacta o resultado. Seja na complexidade sensorial de um vinho, seja no sucesso de uma estratégia empresarial, o aprendizado contínuo e as decisões conscientes ao longo do processo são fundamentais para alcançar o melhor resultado.

Referências

1. BIRD, D; QUILLE, N. *Understanding wine technology*: the science of wine explained. [S.l.]: DBQA Publishing, 2021. p. 36.
2. STOPPELLENBURG, P. *The essence of an agile organization*. Amsterdam: House of Transformation Publishers, 2018. p. 70.
3. SMITH, C. *Postmodern winemaking: rethinking the modern science of an ancient craft*. Berkeley: University of California Press, 2013. p. 14-15.
4. SCHLOCHAUER, C. *Lifelong learners – o poder do aprendizado contínuo*: aprenda a aprender e mantenha-se relevante em um mundo repleto de mudanças. São Paulo: Editora Gente, 2021. p. 50.
5. SCHLOCHAUER, C. *Lifelong learners – o poder do aprendizado contínuo*: aprenda a aprender e mantenha-se relevante em um mundo repleto de mudanças. São Paulo: Editora Gente, 2021. p. 76.
6. SENGE, P. M. *A quinta disciplina*: a arte e a prática da organização que aprende. Rio de Janeiro: BestSeller, 2024. p. 23.
7. SENGE, P. M. *A quinta disciplina*: a arte e a prática da organização que aprende. Rio de Janeiro: BestSeller, 2024. p. 29.

8. LENCIONI, P. *Os 5 desafios das equipes*. Rio de Janeiro: Sextante, 2015. p. 172.

9. MATTHEWS, M. A. *Terroir and other myths of winegrowing*. Berkeley: University of California Press, 2015. p. 75.

CAPÍTULO 5

Análise sensorial e centralidade no cliente

A degustação de vinho é uma experiência sensorial profunda, capaz de evocar uma ampla gama de emoções. Essas emoções, portanto, são experiências pessoais e únicas, variando de pessoa para pessoa. O que desperta prazer em um pode ser diferente para outro. Nos últimos anos, o campo de estudo acerca das emoções provocadas pelo consumo de vinho tem crescido significativamente. Ferrarini et al.[1] relatam que tanto emoções positivas quanto negativas podem surgir durante o consumo, enquanto Silva et al.[2] destacam que o vinho, em comparação com outras bebidas alcoólicas, tende a evocar principalmente emoções agradáveis de baixa excitação, como relaxamento, tranquilidade e até mesmo afeto.

As emoções são essenciais na experiência sensorial do vinho e afetam a percepção de qualidade e a satisfação do consumidor. Isso não é diferente no mundo dos negócios, o comportamento do cliente também é profundamente influenciado por suas emoções. A centralidade no consumidor adquire aqui uma nova camada de complexidade. Assim como um enólogo busca criar uma experiência única por meio da vinificação, as empresas devem buscar entender as nuances emocionais e cognitivas de seus clientes para oferecer produtos e serviços verdadeiramente impactantes.

O cérebro como criador de sabores

Gordon Shepherd, neurocientista, introduz um pensamento provocativo em seu estudo da *neuroenologia*, ao afirmar: "O sabor não está no vinho; o sabor é criado pelo cérebro do degustador".[3] Em termos de neurociência, o prazer é uma experiência que nasce dentro do cérebro, e o sabor de um vinho, por exemplo, é percebido e processado pelos centros superiores do cérebro após a interação de múltiplos sistemas sensoriais e motores. Somente quando esses sinais sensoriais são processados no cérebro, a percepção do sabor é finalmente experimentada — e, assim, o vinho é avaliado como "bom" ou "desejável".

Essa ideia pode ser aplicada de forma análoga ao comportamento do consumidor em mercados corporativos. Assim como o vinho é reinterpretado pelo cérebro do degustador, o valor de um produto ou serviço é criado na mente do cliente, influenciado por uma série de fatores que vão muito além das características técnicas. O preço, a embalagem, a experiência passada e até o design do produto — todos esses elementos ativam diferentes áreas do cérebro do consumidor, moldando sua experiência e decisão de compra.

Para as empresas, isso desperta um ponto crítico: como podemos influenciar positivamente a percepção de valor dos nossos clientes? A resposta está em colocar o cliente no centro de todas as decisões estratégicas, uma abordagem que chamamos de centralidade do cliente.

Essa prática, agora comum no vocabulário corporativo, exige que as empresas compreendam as necessidades e os desejos dos clientes. Além disso, é vital entender suas emoções e motivações subjacentes.

Customer centricity: uma experiência pessoal com a degustação de vinhos

No mundo do vinho, a centralidade do consumidor é igualmente importante. Em várias ocasiões, durante degustações, fui transportado por diferentes emoções — algumas agradáveis, outras nem tanto. Essas experiências me lembraram de um insight trazido por Mark Matthews em seu livro *Terroir and other myths of winegrowing*,[4] no qual ele explora como aprendemos a identificar a qualidade do vinho não apenas pelas nossas próprias experiências, mas também pela influência de autoridades culturais:

> Historicamente, a percepção de "vinho fino" era definida pelo que o papa, o bispo ou o duque consumiam. Com o tempo, o mercado britânico de vinhos começou a desempenhar um papel crucial na definição de estilos e regiões de destaque. Posteriormente, críticos de vinho e enólogos renomados passaram a ser vistos como árbitros da qualidade. Hoje, nomes como James

Halliday e Hugh Johnson defendem que a avaliação de um grande vinho deve ser deixada aos especialistas, pois eles possuem vasta experiência e acesso a uma enorme variedade de rótulos de alta qualidade.[4]

Aqui, vemos uma conexão direta com o mundo dos negócios. Quantas vezes as empresas modelam seus produtos e serviços com base nas expectativas de "críticos" do mercado? Não é incomum que grandes empresas ajustem suas estratégias para agradar às vozes mais influentes, da mesma forma que vinícolas ao redor do mundo já moldaram seus vinhos para agradar ao paladar de Robert Parker, um dos críticos mais influentes da história do vinho, agora aposentado.

Entretanto, como Matthews aponta, a qualidade de um vinho é uma questão subjetiva e fugaz. Embora os críticos possam detectar nuances e sutilezas que muitos consumidores comuns talvez não percebam, no fim das contas, o gosto é profundamente pessoal. Isso é especialmente importante quando pensamos em centralidade no cliente. As empresas podem querer seguir tendências ditadas por especialistas ou influenciadores. No entanto, devem lembrar que o cliente comum faz o julgamento final. Esse cliente vive a experiência e faz sua própria avaliação baseada em emoções, expectativas e contextos.

O papel das emoções nas decisões dos consumidores

No contexto empresarial, essa conexão emocional é indispensável. As marcas que conseguem estabelecer uma conexão emocional forte com seus consumidores tendem a ser mais bem-sucedidas, criando uma lealdade duradoura e uma relação baseada em confiança. Pesquisas mostram que a satisfação do cliente não é apenas racional, mas emocional. Como no mundo do vinho, em que o prazer e a percepção são processados no cérebro do degustador; no mundo dos negócios, o valor percebido pelo cliente também é uma construção emocional.

A neurociência do consumo sugere que a tomada de decisão está mais ligada às emoções do que ao raciocínio lógico puro. Uma frase atribuída a António Damásio, neurocientista renomado, "não somos máquinas pensantes que sentem, somos máquinas sensíveis que pensam" reforça esse pensamento e sugere que as emoções têm maior impacto nas decisões de compra e avaliações de valor do que a lógica.

Portanto, para criar uma experiência realmente centrada no cliente, as empresas precisam entender as motivações emocionais de seus consumidores. Assim como um bom vinho pode despertar diferentes sentimentos em cada pessoa, os produtos e serviços que as empresas oferecem precisam ser capazes de tocar emocionalmente seus clientes, criando um elo que vai além da transação comercial.

A importância de ouvir o consumidor

Da mesma forma que os críticos de vinho influenciam o mercado, os consumidores também têm uma voz poderosa na definição de tendências e no sucesso dos produtos. Empresas que se concentram no cliente e buscam entender seus desejos e emoções terão uma vantagem competitiva no mercado.

No fim das contas, tanto o vinho quanto o mundo dos negócios são movidos por experiências. A qualidade de um vinho, assim como a de um produto ou serviço, é definida não apenas por sua composição técnica, mas pela maneira como ele é percebido e apreciado por aqueles que o consomem.

Essa é a verdadeira essência da centralidade no cliente: colocar o cliente no centro, entendendo que suas emoções, percepções e expectativas são o que realmente importam. Seja na degustação de um vinho, seja no desenvolvimento de uma estratégia de negócios, o que cria valor e fidelidade não é apenas o produto, mas a experiência proporcionada.

Opiniões e subjetividade: um jogo de perspectivas

Essas duas palavras, "pontos de vista" e "subjetividade", são comumente citadas em inúmeros estudos sobre degustação de vinhos e avaliação sensorial. Mas isso levanta uma questão importante: por que eu, como mero apreciador de vinhos, não posso preferir vinhos mais jovens ou diferentes das grandes referências de especialistas?

Lembro-me vividamente de uma degustação realizada em 2023 que incluiu diversas safras icônicas do Château Haut-Brion e La Mission Haut-Brion — incluindo as lendárias de 1982, 1985, 1989, 1990, 1995, 2000, 2005 e 2009. Entre essas, algumas são veneradas por críticos, e a de 1982 é frequentemente aclamada como uma das melhores do século. No entanto, para minha surpresa e talvez para o espanto de muitos especialistas, se eu tivesse que comprar uma garrafa para minha apreciação, escolheria a safra de 2009.

Eu experimentei todas essas safras com atenção e sou grato pela oportunidade de degustar vinhos com tais distinções. Reconheci suas diferenças, entendi suas nuances, mas a safra de 2009 foi a que mais agradou ao meu paladar. Agora, imagine-me dizendo isso na presença de críticos renomados. Como eles reagiriam? Certamente, haveria um certo frisson entre os puristas, pois, em seus círculos, a safra de 1989 é quase unanimidade. No entanto, este capítulo é para incentivar você, leitor, a ter confiança nas suas preferências e a sentir-se confortável em afirmar o que gosta, mesmo que seja diferente da opinião dos outros. O vinho é, antes de tudo, uma jornada pessoal.

Outro momento marcante foi durante uma degustação às cegas de vinhos espanhóis. Para quem não está familiarizado, nessas degustações, provam-se os vinhos sem saber o que está na taça, removendo o peso da marca, preço ou reputação. Naquela noite, tínhamos vários vinhos de grande qualidade, incluindo um altamente valorizado, tanto pelo preço quanto pelas notas elogiosas de críticos especializados. Quando a degustação começou (esse vinho foi o terceiro servido), o mestre de cerimônia perguntava aos participantes qual vinho estava sendo considerado o melhor até aquele momento. O tal vinho, com alta pontuação e apreço pelos críticos, superou os dois primeiros, sendo o favorito até então — a degustação contava com votação eletrônica, e os vinhos eram apenas numerados. Contudo, após o sétimo vinho ser servido, ninguém mais mencionava o vinho 3 como o favorito.

A verdadeira surpresa veio quando as garrafas foram reveladas. Algumas pessoas, ao verem o rótulo, passaram a citar subitamente aquele vinho como o melhor da noite. É fascinante como a percepção pode mudar ao se descobrir a reputação de um vinho. No entanto, essa revelação serve como um lembrete poderoso: muitas vezes, não são nossos sentidos que nos guiam, mas a pressão social e a necessidade de aprovação externa. Imagine o desafio para um especialista renomado que, diante de todos, afirma que o terceiro vinho, agora "descoberto" como uma marca de prestígio, não foi o melhor da noite. Como isso poderia afetar sua credibilidade?

A ideia é clara: confie em seu próprio gosto, independentemente das opiniões alheias. Degustar vinhos, assim como tomar decisões no mundo dos negócios ou na vida, envolve subjetividade. As opiniões e o conhecimento técnico são importantes, mas a experiência pessoal e o prazer genuíno não devem ser menosprezados. Assim como no universo dos vinhos; no âmbito corporativo, muitas vezes somos levados a seguir as tendências ou as opiniões predominantes, mas manter convicções próprias é fundamental para se destacar e tomar decisões com autenticidade.

Reforçando o papel dos especialistas

É importante destacar que essa reflexão sobre subjetividade não pretende desmerecer o papel dos críticos e especialistas. Eles dedicam suas vidas a estudar, experimentar e compreender nuances que passam muitas vezes despercebidas aos olhos e paladares menos treinados. O conhecimento que compartilham sobre terroirs, safras e vinificação é inestimável. No entanto, o que tento transmitir aqui é que, embora o conhecimento técnico seja fundamental, ele deve coexistir com as preferências individuais de cada consumidor.

Afinal, como Gordon Shepherd afirma, o sabor do vinho não existe isoladamente na taça — ele é uma criação do cérebro de quem o degusta, temos que levar isso em consideração. No mundo corporativo, em que consultores e especialistas trazem insights relevantes, a verdadeira tomada de decisão deve ser uma fusão entre a experiência e a intuição pessoal.

No vinho, assim como nos negócios, o aprendizado contínuo é importante, mas a coragem de afirmar suas preferências e seguir sua própria visão é o que faz a diferença. Assim, encorajo-o a explorar e questionar, a ouvir os especialistas e valorizar suas opiniões, mas também a manter sua autenticidade e confiança nas suas escolhas. Quer você prefira um vinho jovem, quer uma abordagem inovadora no mundo corporativo, o mais importante é o prazer e a convicção que você sente ao fazer essa escolha.

O iceberg da Figura 12 é uma metáfora visual poderosa que ilustra perfeitamente a jornada do aprendizado e da experiência, não apenas no mundo do vinho, mas em qualquer campo de atuação. Ao observar essa imagem, vemos apenas a ponta do iceberg emergindo da água — o nível superficial de conhecimento que muitos conseguem alcançar com um esforço inicial. No entanto, à medida que mergulhamos mais fundo, começamos a perceber que o domínio de uma área envolve um universo submerso, cheio de prática, dedicação e aprendizado contínuo.

No universo do vinho, tal como no meio empresarial, o progresso inicia de maneira análoga: um aprendizado inicial, no qual você se sente seguro o suficiente para impressionar amigos ou compartilhar alguma sabedoria. Esse é o "sommelier iniciante", a parte mais visível do iceberg. Muitos param aqui, felizes com o que sabem, sem explorar as profundezas daquilo que ainda precisam aprender.

À medida que avançamos, tornamo-nos um "sommelier certificado" ou um profissional com certificações e treinamentos. Agora, a profundidade aumenta, assim como a confiança para atuar em restaurantes ou lojas especializadas, para compartilhar esse conhecimento e organizar degustações. Mas isso ainda é apenas uma parte do iceberg que começa a emergir.

O próximo passo, o *industry experienced pro*, simboliza aquele que já vive o vinho, que atua ativamente no mercado e entende suas complexidades. É aqui que começamos a perceber a profundidade do iceberg. Da mesma forma, no mundo dos negócios, o profissional com experiência reconhece que o conhecimento técnico é importante, mas a verdadeira especialização está na experiência diária, na capacidade de resolver problemas e ensinar os outros.

Por fim, o nível de *mastery*, ou maestria, é a parte mais profunda e oculta do iceberg, aquela que poucos alcançam. Nesse ponto, você não apenas domina o que faz, mas também se torna uma referência para a indústria, orientando outros profissionais, empurrando os limites do conhecimento e moldando o futuro da profissão. Esse é o ponto que exige 10.000 horas de prática deliberada — um verdadeiro compromisso com o aprendizado contínuo.[5] No mundo dos negócios, isso é equivalente à liderança de pensamento, ao papel de inovador, ao mentor que não apenas atinge o sucesso, mas transforma a indústria.

Assim, tanto no mundo do vinho quanto nas empresas, o aprendizado é um iceberg. Quanto mais profundo você vai, mais percebe que sempre há algo a ser descoberto, sempre há mais a aprender e novas formas de se desenvolver. O sucesso, a verdadeira maestria, não se atinge no topo, mas sim na profundidade, em que o conhecimento sólido e a experiência prática convergem para criar um impacto duradouro.

Essa é a beleza do aprendizado contínuo: ele nunca termina. E, quanto mais exploramos, mais percebemos que o que vemos na superfície é apenas uma pequena fração do todo. Seja você um sommelier, seja um executivo, a jornada visa expandir continuamente o conhecimento e a experiência, não atingir um destino final.

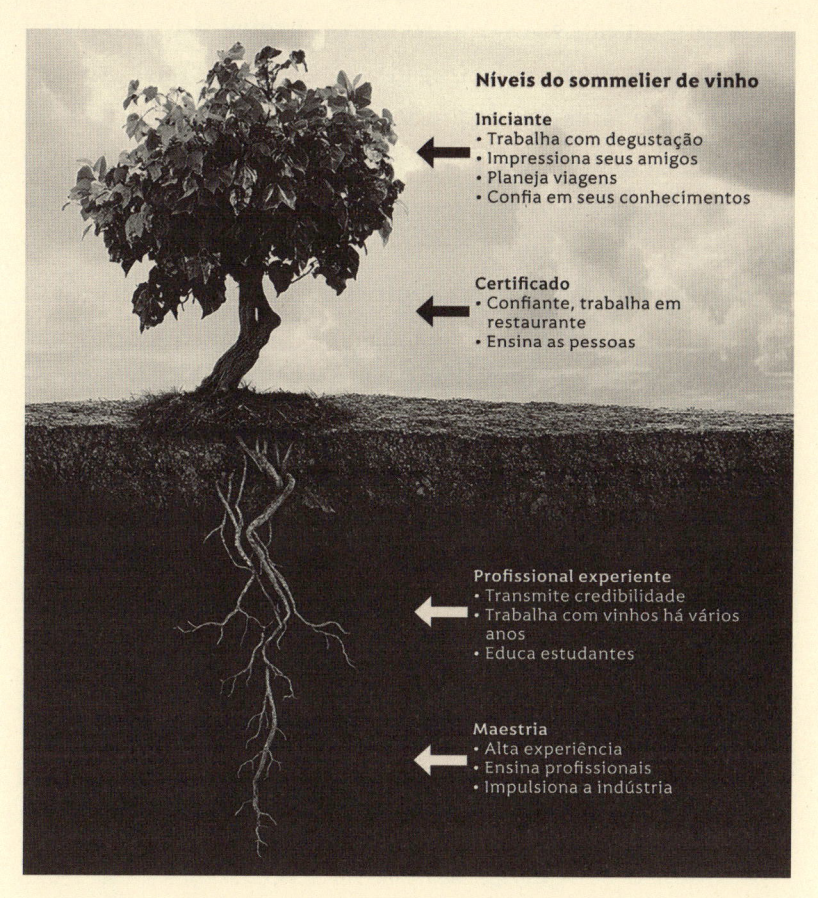

Níveis do sommelier de vinho

Iniciante
- Trabalha com degustação
- Impressiona seus amigos
- Planeja viagens
- Confia em seus conhecimentos

Certificado
- Confiante, trabalha em restaurante
- Ensina as pessoas

Profissional experiente
- Transmite credibilidade
- Trabalha com vinhos há vários anos
- Educa estudantes

Maestria
- Alta experiência
- Ensina profissionais
- Impulsiona a indústria

Figura 12: Exemplo de níveis de conhecimento de um Sommelier (o que é visível e invisível).
Fonte: *Wine Folly*.[5]

Segmentação de consumidores de vinho

Uma descoberta relevante no campo da pesquisa sobre consumo de vinho foi a identificação de diferentes segmentos de consumidores com base nas emoções que experimentam ao consumir a bebida. Um estudo publicado na *Food Quality and Preference* categoriza os consumidores em quatro grupos principais: "emocionalmente desapegados", "negativos", "circunspectos satisfeitos" e "amantes de vinho". Esses segmentos variam em suas respostas emocionais ao vinho, diferindo principalmente em termos de valência (agradabilidade contra desprazer) e ativação (excitação ou relaxamento).[6]

Assim como no mundo empresarial, em que diferentes clientes reagem de forma variada a um produto ou serviço, o mesmo ocorre com o vinho. Portanto, não se pode tratar os consumidores de vinho como um grupo homogêneo. Cada segmento tem uma resposta emocional única, o que afeta diretamente seus padrões de consumo e preferências.

Outra conclusão da pesquisa indicou que os quatro segmentos identificados, embora heterogêneos em suas emoções, experimentam emoções positivas ao consumir vinho. Isso reforça a teoria da assimetria positiva,[7] que sugere que as pessoas, em geral, respondem a alimentos e bebidas com emoções predominantemente agradáveis. Este estudo concluiu que o vinho é, em grande parte, associado a emoções positivas e agradáveis, o que destaca seu papel como um produto emocionalmente envolvente para o consumidor.

A importância dos sentidos: o olfato e o paladar como guias

O sistema olfativo desempenha um papel central na determinação dos sabores que experimentamos. Quando mastigamos e engolimos alimentos ou bebidas, o ar carregado de odores é forçado para a parte posterior da cavidade oral, onde os receptores olfativos captam esses estímulos. Muitas sensações que associamos ao paladar são quase dependentes do olfato retronasal. Para o vinho, essa percepção sensorial é ainda mais importante. O componente volátil de um vinho é percebido primeiramente pelo nariz antes mesmo da degustação. Ele nos oferece pistas essenciais sobre o tipo de vinho, sua idade, condição e qualidade. Degustadores experientes, como sommeliers e críticos de vinho, são capazes de detectar essas nuances com precisão. Sua capacidade de discriminar odores e sabores específicos é fruto de anos de prática e treinamento, e estudos mostram que esses especialistas conseguem diferenciar vinhos com maior exatidão que indivíduos não treinados.[8]

No ambiente corporativo, isso tem uma forte correlação com a experiência acumulada pelos profissionais em entender os sinais do mercado e interpretar as necessidades dos clientes. Assim como o enólogo treina suas habilidades sensoriais, as empresas devem desenvolver habilidades analíticas e sensoriais para "captar" as preferências ocultas e emergentes de seus clientes.

A degustação de vinhos e as decisões de qualidade

A degustação de vinhos exige avaliações sensoriais precisas, e cada etapa desse processo revela informações valiosas sobre o produto. Degustadores utilizam uma combinação de visão, olfato e paladar para formar uma opinião completa sobre o vinho. A visão, por exemplo, fornece uma primeira impressão ao consumidor — a cor, a clareza e a viscosidade do vinho podem influenciar sua avaliação ainda antes de ser provado. O olfato, portanto, evoca memórias e emoções, enquanto o paladar confirma as expectativas sensoriais criadas pelos outros sentidos.

Nos negócios, as empresas precisam entender que os consumidores também tomam suas decisões com base em uma combinação de fatores sensoriais e emocionais. A experiência do cliente é multissensorial, e as primeiras impressões (visuais ou emocionais) são tão importantes quanto a qualidade final do produto. Uma embalagem atraente, um design intuitivo ou um atendimento atencioso são os primeiros "aromas" que influenciam a percepção do consumidor antes mesmo de ele "provar" o serviço ou produto oferecido.

Estudos indicam que as decisões de qualidade na degustação de vinhos dependem não só de fatores sensoriais, mas também das representações mentais e culturais dos provadores. Cada enólogo ou degustador tem um modelo de vinho ideal em sua mente, e suas avaliações são moldadas por essas representações. No entanto, o consenso em torno da qualidade de um vinho pode variar de acordo com a cultura, a região e o contexto em que o vinho é avaliado.[9]

Esse fenômeno também se aplica às empresas. As percepções de qualidade e valor variam entre diferentes grupos de clientes, influenciadas por sua cultura, experiências anteriores e expectativas. As empresas devem reconhecer essa variedade de percepções e buscar um acordo que satisfaça os diversos públicos. Assim como no mundo do vinho, a construção de um "consenso" em torno da qualidade de um produto ou serviço envolve um processo contínuo de aprendizado e adaptação.

Centralidade no cliente: impacto das emoções nas decisões

Assim como o vinho desperta sentimentos que influenciam a percepção de qualidade, no mundo dos negócios, os sentimentos têm um papel crucial no comportamento do consumidor. Pesquisas de neurociência mostram que as decisões de compra são mais influenciadas por emoções do que por considerações racionais. As empresas que conseguem criar uma conexão emocional forte com seus clientes têm maior chance de sucesso, construindo lealdade e criando uma experiência memorável.

Na vinificação, a atenção aos detalhes sensoriais e emocionais pode transformar uma safra comum em uma experiência inesquecível. Da mesma forma, as empresas que colocam o cliente no centro de suas decisões estratégicas podem transformar produtos e serviços em experiências marcantes. A personalização, a empatia e a capacidade de antecipar as necessidades emocionais dos clientes são fundamentais para conquistar a fidelidade do consumidor.

O vinho e a experiência do cliente

Tanto no vinho quanto nos negócios, a centralidade no cliente exige um entendimento profundo das emoções e percepções que influenciam as decisões. O enólogo experiente, assim como o empresário bem-sucedido, sabe que não basta entregar um produto tecnicamente perfeito. É preciso criar uma experiência que ressoe emocionalmente com o cliente, que atenda suas expectativas e desperte suas emoções de forma positiva.

No final das contas, tanto a vinificação quanto a gestão de negócios são processos que exigem atenção aos detalhes sensoriais e emocionais. As empresas que aplicam lições de vinificação à estratégia de centralidade no cliente compreendem uma analogia crucial. Essa compreensão as posiciona melhor para alcançar sucesso sustentável e criar experiências transformadoras para seus clientes.

A pressão da conformidade: o desconforto de ser "iniciante"

Tim Hanni, *master of wine*, em seu livro *Why you like the wines you like: changing the way the world thinks about wines* (2013), traz uma provocação interessante:

> Imagine você, novato nesse mundo do vinho, participando da sua primeira degustação formal. Observa ao redor e percebe que todos seguram suas taças pela haste, giram o vinho com uma destreza quase coreografada,

e descrevem as notas aromáticas com um vocabulário sofisticado. O desconforto começa a tomar conta. Você tenta imitar os outros, mas logo se questiona: por que algo que deveria trazer tanto prazer se transformou em uma experiência tão intimidadora?[10]

Essa cena é familiar no mundo do vinho e no ambiente corporativo. Assim como a pressão social em uma degustação pode levar a uma conformidade sem entendimento; no mundo dos negócios, muitos profissionais sentem que precisam seguir "a cartilha" — seja ela relacionada a tendências de mercado, estratégias de crescimento ou inovação — sem questionar. No entanto, a verdadeira evolução não vem da conformidade, mas da capacidade de desafiar o status quo e encontrar caminhos próprios para o sucesso.

Por muito tempo, certas verdades sobre o vinho foram aceitas de maneira inquestionável, por exemplo: "Vinhos brancos só combinam com peixe", e vamos aceitando como dogmas imutáveis. Tal situação também acontece no mundo empresarial. Quantas vezes encontramos suposições que foram aceitas ao longo do tempo sem o devido questionamento? Ideias como "só as grandes corporações podem ser inovadoras" ou "a única forma de escalar é com uma estratégia global" são apenas exemplos de crenças que limitam a inovação e o crescimento.

No entanto, a realidade no mundo do vinho — e nos negócios — é muito mais complexa e diversificada. Os paladares são únicos, e o que agrada um pode não ser totalmente agradável para outro. Algumas pessoas preferem vinhos frutados e leves, enquanto outras buscam vinhos com altos níveis de taninos e acidez. Essa variedade de gostos reflete a diversidade de preferências e sensibilidades sensoriais e deve ser celebrada, não julgada.

Tim Hanni destaca que as preferências de vinho estão intimamente ligadas à sensibilidade sensorial individual e às experiências culturais, algo que pode ser traduzido diretamente para o mundo empresarial. Da mesma forma que os consumidores têm preferências pessoais distintas para vinhos, os clientes e funcionários de uma empresa têm diferentes expectativas, percepções e sensibilidades em relação aos produtos, serviços e à cultura organizacional.

A tirania da minoria

Com muita frequência, os aficionados por vinho — bem-intencionados, mas muitas vezes inflexíveis — impõem suas opiniões como verdades absolutas. Se você prefere vinhos tintos com aquele toque mais doce de baunilha, ou gosta da uva *carménère*, talvez possa ser visto como iniciante ou com um gosto menos sofisticado. O mesmo pode ser dito sobre o ambiente corporativo: líderes ou profissionais "especialistas" podem impor suas visões e suprimir ideias ou abordagens alternativas. Esse tipo de mentalidade cria o que Hanni chama de "tirania da minoria", em que um pequeno grupo de guardiões das normas define o que é aceitável e o que não é.

Alcançamos um estágio em que a crítica se direciona ao consumidor, não mais ao vinho ou ao produto. E isso é um grande problema, tanto para o mercado de vinhos quanto para as empresas. Quando se julga o cliente, em vez de entender suas preferências, a relação perde valor e se torna tóxica. O foco precisa estar na diversidade de gostos e nas diferentes necessidades que os consumidores têm. Da mesma forma, as empresas precisam reconhecer que cada cliente e funcionário traz uma perspectiva única, e que essa pluralidade é o motor da inovação e da evolução organizacional.

Desafiando a sabedoria convencional

No mundo do vinho, assim como nos negócios, é essencial desafiar a sabedoria convencional. Do mesmo modo que os mitos em torno do vinho devem ser questionados, as empresas precisam abandonar suposições ultrapassadas sobre o que seus clientes desejam ou como seus mercados funcionam. Expandir o prazer do vinho significa abraçar a diversidade de preferências e promover uma maior compreensão das paixões e dos interesses dos consumidores.

Uma das maiores revoluções tanto no mercado de vinhos quanto nas empresas é a personalização. Hoje, as empresas de sucesso não apenas oferecem produtos e serviços, mas criam experiências personalizadas que atendem às necessidades e aos desejos de cada cliente. Isso é algo que o mercado de vinhos também está aprendendo — o reconhecimento de que não existe uma "verdade única" ou uma "experiência única". Os consumidores querem ser ouvidos e respeitados por suas preferências individuais, e o mesmo princípio deve ser aplicado no ambiente de negócios.

Avaliação do vinho começa na taça

Assim como um gestor que, antes de tomar decisões, analisa dados e examina tendências, a primeira etapa da degustação de vinhos é visualizar sua cor e aparência. Ao inclinar suavemente a taça em um ângulo de 45 graus e observar o vinho contra um fundo branco, você começa a identificar características importantes, como a limpidez e a profundidade da cor. A cor do vinho não só reflete o tipo de uva utilizada, mas também fornece pistas sobre sua idade e estado de conservação. Um vinho límpido indica boa saúde e preparação; um turvo ou opaco pode sugerir problemas na vinificação, ou na conservação, tal como uma análise de dados deficiente pode indicar problemas ocultos em uma empresa.

Nos negócios, o processo é semelhante: analisamos as superfícies — relatórios financeiros, gráficos de desempenho — para garantir que tudo esteja conforme o planejado. Mas isso é apenas o começo. No vinho, como nas empresas, as nuances estão escondidas nos detalhes, e é preciso mais do que uma observação superficial para entender o potencial de um produto ou de uma estratégia.

O poder do olfato

Assim como uma empresa precisa "sentir o mercado", a degustação de vinhos nos obriga a usar o olfato para captar as notas aromáticas e determinar a qualidade do vinho. Ao aproximar o copo do nariz, a primeira impressão é a mais reveladora. O "nariz" de um vinho — seus aromas primários, secundários e terciários — é como o feedback de um cliente: dá insights importantes sobre o que está por vir. A primeira avaliação olfativa muitas vezes revela as notas frutadas, florais ou até mesmo especiarias que o vinho carrega, resultado de seu terroir, tipo de uva e processos de vinificação.

Nos negócios, assim como na degustação de um bom vinho, o olfato desempenha um papel crucial. Sentir os "aromas" do mercado, identificar tendências emergentes e compreender como os consumidores reagem aos produtos ou serviços são habilidades fundamentais para uma boa administração. No mundo do vinho, o enólogo utiliza o olfato para ajustar o processo de vinificação, captando sutis nuances que guiarão suas decisões. Da mesma forma, líderes empresariais bem-sucedidos são aqueles que sabem "ler" o mercado e sentir o cheiro das mudanças no comportamento dos clientes.

Mas o "olfato" nos negócios não deve se limitar ao mercado externo. Dentro das organizações, estar atento ao que acontece nos "corredores" é igualmente importante. Lembro-me de uma expressão popular no Chile, onde trabalhei por alguns anos, que dizia que um bom gestor deve saber "olfatear" a empresa. Interagir com os colaboradores em momentos informais muitas vezes revela mais do que as reuniões formais permitem. O clima organizacional, as inquietações, os medos e até os pontos de motivação podem ser captados nessas interações, oferecendo pistas valiosas sobre a saúde interna da organização.

Assim como o enólogo ajusta o vinho pelos aromas sentidos, equilibrando seus componentes, as empresas devem ser ágeis. Elas precisam ajustar estratégias segundo sinais captados de clientes e colaboradores. Um nariz apurado, seja na adega, seja no ambiente corporativo, pode ser a diferença entre o sucesso e o fracasso. Afinal, os detalhes que captamos ao "sentir o aroma" de uma situação são muitas vezes os que determinam se estamos no caminho certo ou se precisamos mudar nossa rota.

Paladar, a confirmação

Quando o vinho atinge o paladar, é possível confirmar ou não as expectativas que o aroma nos deu. A degustação é o momento em que encontramos os elementos estruturais do vinho: acidez, álcool, taninos, corpo e, o mais importante, o equilíbrio. Deixe o vinho se expressar por pelo menos dez segundos na boca. Aqui, o objetivo é identificar se o vinho possui as características desejadas e se elas estão em harmonia. Um vinho equilibrado é como uma empresa com todos os seus processos funcionando em sincronia. A acidez não deve sobrepor o álcool; os taninos não devem sufocar os sabores frutados. Da mesma forma, em uma empresa, os diferentes setores — como marketing, vendas e finanças — precisam trabalhar em harmonia para entregar resultados consistentes.

Assim como um enólogo ajusta as proporções durante o processo de vinificação para garantir um produto equilibrado, os líderes empresariais precisam ajustar as operações internas para garantir que todos os elementos da empresa estejam funcionando de maneira coordenada. O vinho nos ensina que o equilíbrio é fundamental — e o mesmo vale para a gestão organizacional.

Complexidade: o grande segredo

Vinhos finos são reconhecidos por sua complexidade, uma orquestra de sabores e aromas que se desdobram ao longo do tempo. O mesmo ocorre em uma empresa de sucesso. A complexidade, seja no vinho, seja em uma estratégia de negócios, não é algo que se revela de imediato. Ela se constrói aos poucos, com camadas de detalhes que só um olhar atento — ou um paladar treinado — pode identificar.

Uma empresa que busca diferenciação no mercado precisa investir em complexidade, no sentido de criar uma experiência rica e multifacetada para seus clientes. Os vinhos de vinhas mais velhas tendem a ter maior complexidade e nuances. Da mesma forma, uma organização madura, com talentos sólidos e cultura bem estabelecida, pode oferecer uma experiência diferenciada aos consumidores.

Tipicidade: o reflexo da autenticidade

A tipicidade, ou a capacidade de um vinho refletir fielmente seu terroir, é um dos aspectos mais valorizados em vinhos de alta qualidade. Um Bordeaux deve ter as características de um Bordeaux; um Chianti, as características de seu terroir toscano. A tipicidade é uma questão de autenticidade e identidade. Nos negócios, essa analogia é clara: as empresas precisam ser autênticas, refletir seus valores e a cultura de onde vieram. Empresas que tentam ser tudo para todos muitas vezes acabam diluindo sua identidade e perdendo o foco.

Produtores de vinho do Novo Mundo, tais como os da Califórnia ou da Austrália, estão adotando a ideia de tipicidade, em busca de expressar a autenticidade de suas regiões e tradições. Da mesma forma, as empresas devem adotar suas origens e utilizar essas como uma vantagem competitiva. A autenticidade é o que diferencia uma empresa no mercado global.[11]

O final: o impacto duradouro

O final de um vinho é a impressão que ele deixa após ser degustado. Em vinhos finos, esse final pode durar vários minutos, com sabores e sensações que se prolongam. Nos negócios, o "final" é o impacto duradouro e sustentável que uma empresa tem em seus clientes e no mercado. Empresas que deixam uma impressão duradoura são aquelas que oferecem uma experiência única, que vai além do produto ou serviço. Elas criam valor, constroem relacionamentos de longo prazo e cultivam uma marca que ressoa com uma nova perspectiva sobre vinhos e negócios.

A degustação do vinho, portanto, nos ensina a importância do equilíbrio, da tipicidade e do final prolongado. Ao aplicar esses princípios no mundo corporativo, podemos construir empresas mais fortes, resilientes e preparadas para enfrentar os desafios do mercado global. Seja você um amante do vinho, seja um empresário em busca de insights. Lembre-se: o processo importa tanto quanto o resultado. E, assim como no vinho, os melhores negócios são aqueles que conseguem equilibrar complexidade, autenticidade e impacto duradouro.

Conectando o vinho ao consumidor: lições para negócios e produtores

Hoje, a desconexão entre os produtores de vinho e seus consumidores é evidente. Em muitos casos, os clientes que pagam bons preços por garrafas de vinho de alta qualidade se encontram distantes do processo de produção, e essa separação vai além do simples ato de consumo. Nas visitas às vinícolas, os consumidores, que muitas vezes esperam conhecer a paixão e o conhecimento técnico de um enólogo, encontram ou as portas fechadas ou tem contato apenas com equipes de marketing ou vendedores. Embora esses profissionais desempenhem um papel vital na comunicação e venda do vinho, a falta de interação direta com quem o produz gera uma lacuna importante. É como se as vinícolas tivessem perdido uma parte essencial da narrativa: a voz do enólogo, aquele que literalmente traz o vinho à vida.

Isso não é apenas uma questão de desconexão física, mas também emocional e filosófica. Clark Smith, em seu livro *Postmodern winemaking* (2013), apresenta uma perspectiva sobre essa questão. Ele argumenta que:

> A experiência do vinho não está apenas dentro da garrafa, mas é fortemente influenciada pelo contexto em que o vinho é consumido. O ambiente, as interações sociais e as expectativas desempenham um papel crucial na forma como o vinho ressoa com o consumidor.[12]

A essência do vinho, segundo Smith (2013), está na ressonância emocional que ele cria com o apreciador, e essa experiência não pode ser capturada apenas pela técnica.

Assim como no mundo corporativo, onde a proximidade com o cliente é fundamental para o sucesso, a indústria do vinho também precisa se aproximar mais de seus consumidores. A falta de contato direto entre enólogos e seu público afasta a experiência emocional do vinho. Além disso, priva os produtores de insights enriquecedores obtidos ao ouvir as impressões e preferências dos clientes. Essa lacuna de comunicação é algo que muitas empresas em outros setores também enfrentam: quanto mais longe a liderança e os "criadores" de um produto estão dos consumidores, mais difícil é ajustar e personalizar as ofertas para atender às expectativas.

Smith[12] sugere que o vinho ressoa com o consumidor, criando experiências que podem ser comparadas a conceitos como harmonia, austeridade, generosidade e equilíbrio. Esses termos, muitas vezes considerados poéticos, refletem uma verdade profunda não apenas para o mundo do vinho, mas também para as empresas. A experiência é sempre holística. Não podemos mensurar tudo o que importa com métricas rígidas e quantificáveis. Conforme dito por Einstein, nem tudo que importante pode ser medido e nem tudo que pode ser medido é relevante. Aplicar essa filosofia às relações com o cliente nos ensina que, tanto no vinho quanto nos negócios, há um componente emocional e subjetivo que deve ser levado em consideração.

Em negócios e vinho, o objetivo deve ser criar experiências que ressoem com o consumidor. O impacto de um produto ou serviço está em como ele é percebido, sentido e apreciado pelos clientes — algo que vai além dos dados numéricos de vendas ou estatísticas de desempenho. Essa visão pós-moderna nos desafia a olhar para a experiência do consumidor de uma forma mais ampla e a valorizar o contato humano, a autenticidade e o contexto.

Três estilos de vinho, três abordagens nos negócios

Smith[12] classifica os vinhos em três estilos principais, que também podemos aplicar a diferentes abordagens no mundo corporativo: vinhos que encantam, vinhos que impressionam e vinhos que intrigam. Essas tendências refletem as diferentes maneiras de se posicionar tanto no mercado de vinhos quanto no mundo dos negócios. Essas abordagens espelham as variadas formas de se posicionar tanto no comércio de vinhos quanto no universo corporativo.

1. **Vinhos que encantam (estilo "gostoso"):** esses são os vinhos que fazem as pessoas sorrirem, fáceis de beber, agradáveis e generosos. No mundo dos negócios, este estilo corresponde às empresas que priorizam a simplicidade e a conveniência. Elas oferecem produtos ou serviços que são fáceis de usar e de resolver problemas do dia a dia, trazendo conforto e satisfação imediata ao cliente. Pense em empresas que entregam resultados previsíveis e de qualidade consistentemente alta, como a Apple com seus produtos intuitivos.
2. **Vinhos que impressionam (estilo "uau!"):** estes são vinhos robustos, com taninos marcantes, alto teor alcoólico e uma presença que não passa despercebida. São projetados para surpreender, assim como algumas marcas no mercado que se destacam pelo impacto que

causam. Empresas que adotam essa abordagem buscam constantemente inovar, lançar produtos que gerem *buzz* e impressionam o consumidor. Elas não têm medo de correr riscos para capturar a atenção, como Tesla ou Amazon, que estão sempre redefinindo as expectativas de seus mercados.

3. **Vinhos que intrigam (estilo "aha!"):** são vinhos únicos, que desafiam o paladar e convidam à reflexão. Eles não são fáceis de entender, mas, quando captados, oferecem uma experiência profundamente satisfatória. No mundo dos negócios, isso se traduz em empresas que são inovadoras e ousadas, que não seguem tendências, mas as criam. Essas empresas fornecem experiências, possivelmente desafiadoras, e atraem um público predisposto à inovação. Um exemplo é a OpenAi, criadora do ChatGPT, que provoca tanto fascínio quanto incerteza, atraindo entusiastas pela inovação e despertando cautela nos que resistem ao desconhecido, revelando o poder transformador e os dilemas da inteligência artificial.

Criando vinhos que conectam e empresas que inspiram

O grande aprendizado que podemos tirar dessa analogia é que, tanto no vinho quanto nos negócios, a chave para o sucesso é a conexão. Compreender o cliente, atender suas necessidades e desejos e desenvolver experiências que ressoem emocionalmente são etapas cruciais para estabelecer um vínculo duradouro.

As vinícolas que conseguem estabelecer esse diálogo com seus consumidores não só criam produtos melhores, mas também constroem lealdade. De maneira similar, companhias que se dedicam a escutar e compreender seus consumidores, desenvolvendo mercadorias e serviços que verdadeiramente satisfaçam suas expectativas, colhem benefícios. Portanto, assim como o vinho carrega consigo a complexidade de seu terroir e o toque singular do enólogo, as empresas devem infundir em suas ofertas e serviços a autenticidade de sua marca e a profundidade de sua cultura organizacional.

Assim como o vinho reflete a complexidade de seu terroir e o toque do enólogo, as empresas devem fazer o mesmo. Seus produtos e serviços devem exibir a autenticidade da marca e a profundidade da cultura organizacional.

Afinal, vinhos que intrigam, encantam ou impressionam são aqueles que transcendem o simples ato de beber; são experiências. E o mesmo vale para negócios bem-sucedidos: eles não vendem apenas produtos, mas experiências que criam conexões profundas e duradouras com seus clientes.

O que define a qualidade em um vinho

Quando se trata de avaliar a qualidade de um vinho, as perguntas que rondam a mente de um crítico especializado são profundas e constantes: o que define a qualidade em um vinho? Como reconhecê-la de forma objetiva, sem ser influenciada por preferências pessoais? E talvez a questão mais crucial: como compartilhar essa experiência e sabedoria de maneira eficiente para que outros possam entendê-la, seja por palavras, seja sentimentos?

Jean-Marc Quarin, um crítico de vinhos de Bordeaux que tive o privilégio de conhecer e com quem tive o privilégio de estar em um *shadowing*, desenvolveu uma metodologia única de degustação que enfatiza o contato físico — um sentido muitas vezes deixado em segundo plano, mas que, para ele, revela detalhes que o olfato ou a visão podem deixar escapar. Para Quarin, o paladar é a verdadeira chave para a compreensão da qualidade do vinho. Com apenas alguns segundos, podemos distinguir entre vinhos excepcionais e comuns, quando sabemos o que procurar. A metodologia de Quarin vai além do simples ato de provar. Trata-se de uma procura persistente por comparações, algo que possibilita desenvolver uma percepção aguçada para reconhecer a superioridade de um vinho em relação a outro.[13]

Segundo Quarin, o que acontece na boca ilumina o paladar, desde que saibamos o que observar e como. Essa abordagem tátil é não apenas no contexto da degustação, mas também no mundo dos negócios. Em muitas áreas, os primeiros segundos de uma interação — uma degustação, uma reunião de negócios ou uma entrevista com um cliente — são cruciais para definir o sucesso. A precisão do tato, ou seja, a capacidade de sentir, de perceber, é essencial tanto para o crítico quanto para o executivo, pois os detalhes que não são imediatamente visíveis ou audíveis podem conter as pistas mais valiosas.

No entanto, para muitos, a degustação de vinhos ainda é vista como uma experiência quase mística, repleta de termos complicados e de difícil compreensão. Quarin, com sua simplicidade e foco no essencial, convida-nos a desmistificar o processo e a encarar o vinho de forma direta e intuitiva, quase como uma ciência prática que pode ser aplicada em vários contextos — desde a escolha de um bom vinho até a análise crítica de um projeto empresarial.

No mundo globalizado, tanto o gosto por vinhos quanto os padrões de qualidade estão se tornando mais universais. Os grandes vinhos de Bordeaux, em particular, são comparados a clássicos da literatura — atemporais, elegantes e equilibrados. Essa busca pelo "equilíbrio" é, de fato, uma lição valiosa para as empresas. Assim como um vinho necessita de harmonia entre taninos, acidez, álcool e corpo, uma empresa também precisa de equilíbrio. Uma integração equilibrada entre suas áreas de atuação, estratégias e cultura organizacional é fundamental para o sucesso.

A comparação constante entre vinhos de diferentes safras e terroirs que Quarin aplica em suas degustações é uma excelente analogia para o benchmarking que as empresas fazem no mundo corporativo. Da mesma forma que um vinho excepcional pode destacar-se por suas nuances e complexidade, as empresas precisam constantemente se avaliar em relação aos seus concorrentes, identificando áreas em que podem superar as expectativas e conquistar novos mercados.

Os tipos de uvas

De acordo com Quarin,[13] quando falamos de grandes vinhos de Bordeaux, não podemos deixar de mencionar as variedades de uvas que compõem esses vinhos icônicos. Em Bordeaux, as principais uvas são o **Merlot**, o **Cabernet Sauvignon** e o **Cabernet Franc**, cada uma contribuindo de maneira única para a construção de um vinho de alta qualidade.[13] Assim como essas uvas desempenham papéis complementares no vinho, diferentes habilidades e talentos dentro de uma organização são essenciais para o sucesso.

Merlot: o conforto e a suavidade no ataque

O Merlot é a uva dominante na margem direita de Bordeaux, onde seus atributos de suavidade e redondeza são amplamente apreciados. Ocupando 63% das áreas plantadas em Bordeaux, é uma uva que amadurece cedo e que, quando bem trabalhada, oferece vinhos voluptuosos e suaves ao paladar. Em Pomerol e Saint-Émilion, atinge seu apogeu, proporcionando profundidade de cor e uma sensação tátil imediata de prazer, com sua textura aveludada e sua fruta suculenta que preenche o paladar logo nos primeiros momentos da degustação.

Analogamente, em uma empresa, o Merlot pode ser comparado às habilidades que trazem resultados imediatos e que têm um impacto positivo inicial nas operações — aquelas essenciais para garantir uma primeira impressão positiva, seja na interação com clientes, seja em novos projetos. São os talentos que proporcionam uma sensação de segurança e estabilidade, mas que, sozinhos, podem não ser suficientes para criar um resultado completo e duradouro.

Cabernet Sauvignon: a estrutura e o envelhecimento

O Cabernet Sauvignon, por outro lado, é a espinha dorsal dos grandes vinhos da margem esquerda, como os produzidos na região de Médoc. Esta uva, que amadurece tardiamente, oferece estrutura, longevidade e uma complexidade que só se revela com o tempo. Seus taninos marcantes e sua acidez vibrante permitem que o vinho envelheça bem, desenvolvendo-se em algo mais robusto e profundo com os anos.

No ambiente corporativo, o Cabernet Sauvignon representa os talentos e as estratégias que garantem a **sustentabilidade a longo prazo**. São as habilidades que, embora possam não impressionar imediatamente, são essenciais para o crescimento contínuo da empresa. Elas fornecem a estrutura necessária para que a organização se mantenha resiliente e preparada para enfrentar desafios futuros.

Cabernet Franc: a elegância e o toque final

O Cabernet Franc é talvez o menos reconhecido dos três, mas sua importância na mistura de Bordeaux é inegável. Ele traz finesse, elegância e um toque final que complementa as outras variedades. Embora seja menos carnudo e encorpado que o merlot ou o cabernet sauvignon, o Cabernet Franc é responsável por adicionar complexidade aromática e por estender o final da degustação, proporcionando uma experiência completa e harmônica.

Em uma organização, o Cabernet Franc representa as habilidades especializadas que passam muitas vezes despercebidas, mas que são cruciais para o sucesso final de um projeto. São os talentos que complementam e aprimoram o trabalho dos outros, trazendo uma sutileza que eleva o padrão geral de desempenho.

Avaliando aromas

A degustação de vinhos, especialmente em um nível profissional, vai muito além do paladar. O que muitos consideram uma simples experiência gustativa é, na verdade, um processo complexo que envolve múltiplos sentidos. Segundo a metodologia da ABS RS o olfato é considerado muito importante nesse contexto. Assim como nas empresas, em que as decisões são influenciadas por dados invisíveis ou menos óbvios, os aromas desempenham um papel essencial na degustação de um vinho. Quando um crítico renomado avalia um vinho, ele se concentra não apenas nos sabores, mas também nas nuances aromáticas que definem a identidade e a complexidade da bebida.

Gordon Shepherd, em seu livro, apresenta um estudo liderado por Ram Frost e colegas que explorou a atividade cerebral associada à preferência dos consumidores por vinhos de diferentes teores alcoólicos. O estudo apresentou algo que desafia a percepção geral: vinhos com baixo teor etílico (11% a 13%) ativam áreas cerebrais, como a ínsula e o cerebelo, de modo mais intenso do que os vinhos com teor de álcool mais elevado (14% a 15%). Isso sugere que a experiência sensorial proporcionada por vinhos mais leves pode ser mais rica e satisfatória, revisitando uma nova dimensão da neuroenologia — o estudo de como o cérebro interpreta e cria a experiência do vinho.[14, 15]

Esse insight subverte a crença tradicional de que vinhos mais encorpados e potentes são sempre superiores. Em vez disso, os vinhos mais leves, com menor teor alcoólico, estimulam uma coordenação sensorial mais intensa, proporcionando uma degustação mais consciente e prazerosa. Aqui reside a beleza da neurociência aplicada ao mundo do vinho: ela oferece um novo ângulo de compreensão, revelando como vinhos mais sutis podem maximizar a atenção e o envolvimento dos sentidos.

Ao entender como o cérebro responde aos diferentes elementos de um vinho, os enólogos podem ajustar seus processos de produção para atender às preferências neurológicas dos consumidores. Esta prática não é apenas uma inovação, mas também um exemplo de como a ciência pode ser usada para transformar tradições e promover uma apreciação mais rica e informada do vinho. No ambiente empresarial, isso se traduz na importância de conhecer a fundo os insights dos clientes e ajustar as estratégias para maximizar a experiência de uso ou de consumo.

Um dos pontos interessantes da avaliação sensorial do vinho é a dificuldade que os especialistas têm em identificar os componentes aromáticos de misturas complexas. O estudo de David Laing,[16] realizado e confirmado em diversos outros estudos posteriores, demonstrou que a capacidade de identificar odores individuais diminui drasticamente conforme o número de aromas presentes na mistura aumenta. Quando isolados, os participantes do estudo conseguiam identificar 82% dos aromas, mas essa capacidade caiu para 35% quando dois odores eram misturados, e para apenas 4% quando quatro odores estavam juntos.[16] Os resultados foram confirmados por diversos estudos posteriores incluindo o mostrado na Figura 13.[17]

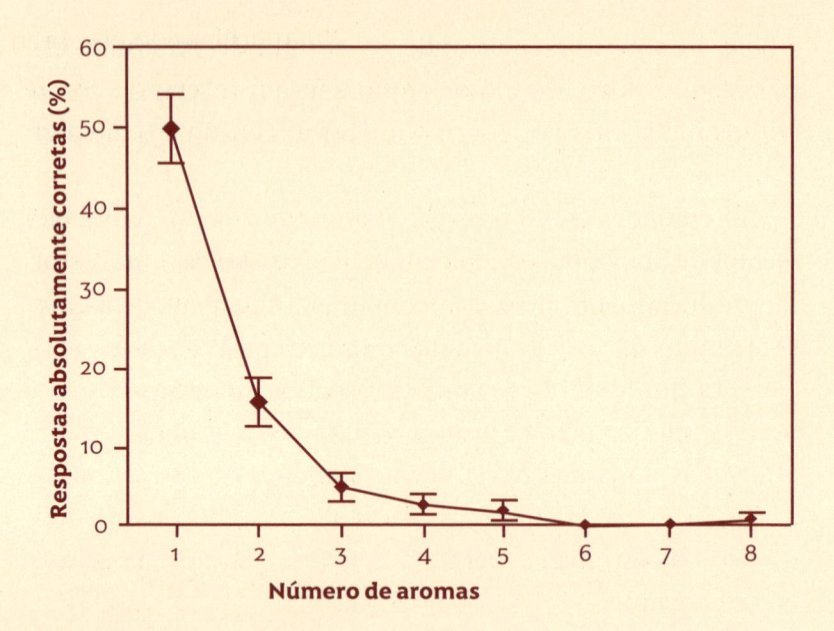

Figura 13: A porcentagem de respostas absolutamente corretas para cada número de odores apresentados. Absolutamente correto indica que todos os componentes da mistura foram identificados corretamente e que não houve alarmes falsos. As barras indicam os erros-padrão da média.
Fonte: Laing, Fancis.[16]

Este fenômeno não é exclusivo dos aromas, mas também se aplica aos sabores, o que sugere que a complexidade química das misturas desempenha um papel importante na dificuldade de identificação. O motivo desse limite pode estar em fatores como a concorrência por locais de ligação nos receptores sensoriais ou na capacidade limitada do cérebro de processar múltiplos componentes simultaneamente.

Essa dificuldade de discernir detalhes em uma mistura complexa encontra um paralelo direto no mundo empresarial. Nas organizações, muitas vezes lidamos com informações excessivas e complexas, em que identificar as variáveis-chave que determinam o sucesso de uma estratégia ou de um produto pode ser desafiador. A arte de simplificar o complexo — seja em uma degustação, seja na análise de mercado — é uma habilidade valiosa tanto para críticos de vinho quanto para executivos de empresas. No ambiente empresarial, decisões eficazes raramente se baseiam em uma única fonte de dados. As empresas que conseguem integrar diferentes perspectivas — dos consumidores, do mercado, dos dados financeiros — são geralmente as que tomam as decisões mais acertadas.

Customer Experience: a arte de encantar e fidelizar no mundo corporativo e do vinho

No universo empresarial, muito se fala sobre **Customer Experience (CX)**, ou a experiência do cliente. Porém, transformar essa ideia em realidade exige um esforço deliberado, contínuo e estratégico. CX vai além de fornecer um produto ou serviço — trata-se de criar **sensações positivas e duradouras** a cada interação entre o cliente e a marca. Essa relação pode ser comparada a um apreciador de vinhos em sua jornada. Ao degustar uma garrafa, ele não só sente os sabores, mas também vive um momento singular. Fatores como o terroir, a safra e a história de cada rótulo influenciam essa experiência.

Annette Franz, em seu livro *Experiência do cliente na teoria e muita prática*,[18] define CX como "o conjunto de sensações provocadas no cliente durante e após cada jornada em contato com sua marca."[18] É um conceito simples, mas poderoso, que reflete o impacto direto das interações em como o cliente percebe o valor do que está sendo oferecido. Assim como no vinho, em que nuances — do aroma ao final — podem mudar a percepção de um crítico ou consumidor, o sucesso de uma empresa reside em proporcionar uma experiência que vá além do esperado, criando memórias duradouras e positivas.

Martin Newman, em seu livro *Customer experience: como alavancar o crescimento e rentabilidade do seu negócio colocando a experiência do cliente em primeiro lugar,* reforça essa ideia com uma afirmação categórica: "Não se trata do que eu ou qualquer gestor pensa, mas sim da experiência do cliente. Se nós desapontamos os clientes, será um desastre para a empresa."[19] Essa citação serve como um alerta para os gestores e líderes: não adianta projetar um produto ou serviço que consideramos perfeito se, no final, ele não atende ou encanta os consumidores.

A evolução da experiência: do tradicional ao digital

Newman descreve que no mundo digital de hoje, onde os consumidores estão em constante mudança e evolução, as empresas precisam **acompanhar essa transformação**. O antigo mantra do varejo, "localização, localização, localização", foi substituído pelo novo imperativo: "Conveniência, conveniência, conveniência", ou, como bem coloca, o modelo onde o cliente deseja "qualquer coisa, a qualquer hora, em qualquer lugar". Para manter o consumidor engajado e satisfeito, as empresas precisam criar experiências fluidas e integradas, em que a tecnologia não é apenas um facilitador, mas uma ponte entre o desejo do usuário e a entrega da marca.

As melhorias rápidas mencionadas por Newman, como otimização de SEO, marketing PPC e usabilidade de sites, são elementos essenciais que podem gerar vitórias no campo da experiência do cliente. Essas vitórias requerem um esforço contínuo de engajamento e personalização. É como um enólogo cuidando de cada detalhe na produção de vinhos, da seleção das uvas à fermentação, para assegurar uma experiência única em cada garrafa.

A analogia com o vinho: o iceberg da experiência do cliente

Tal como no mundo do vinho, onde o que vemos e sentimos na taça é apenas a ponta de um complexo processo, a experiência do cliente também possui uma dimensão visível e outra mais profunda, muitas vezes invisível. Francisco Zapata faz uma comparação intrigante ao caracterizar a vivência do cliente como uma videira (Figura 14): a superfície representa as sensações imediatas que o cliente passa — o atendimento, a compra, a entrega do produto. Mas o trabalho está abaixo da superfície, nas **estratégias internas** e nos processos que garantem a consistência e a qualidade dessa experiência.[20]

Essa analogia com o vinho é clara: quando um sommelier descreve um vinho como "equilibrado", ele não está apenas falando sobre a sensação inicial ao degustá-lo. Está se referindo ao **processo meticuloso** que levou à criação daquele vinho — o cuidado com o terroir, a qualidade das uvas, o tempo de envelhecimento, a escolha dos barris. Da mesma forma, criar uma experiência memorável para o cliente exige uma atenção detalhada em todas as fases da jornada.

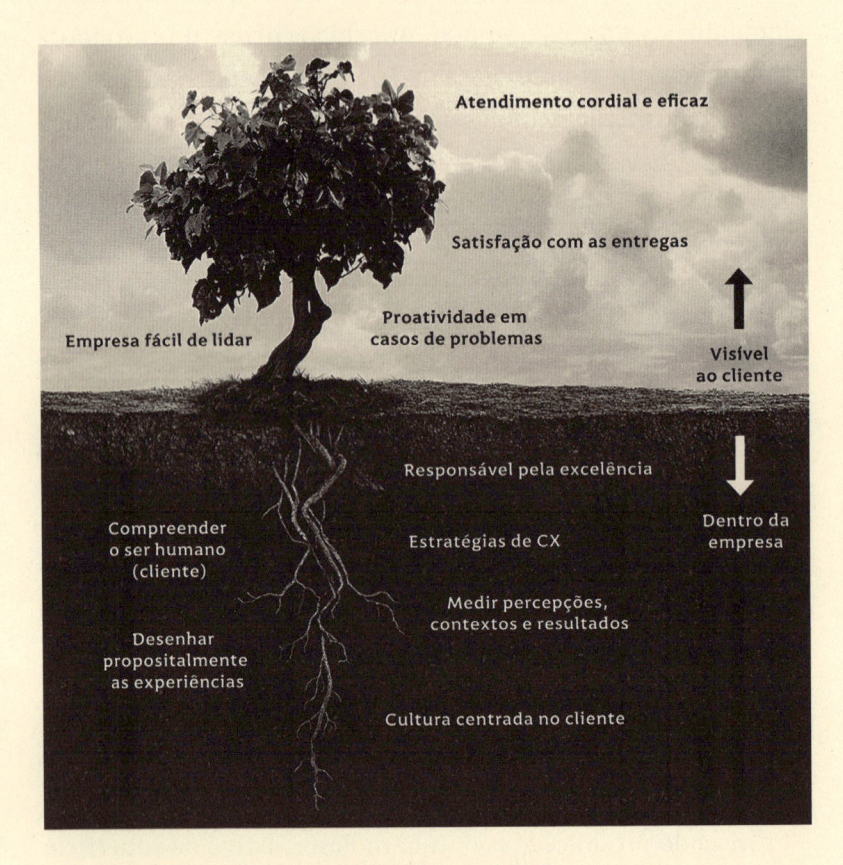

Figura 14: Videira de CX.
Fonte: Adaptado de FRANZ et al.[18]

A jornada do cliente e a *"ownership experience"*

Em CX, muito se fala sobre o atendimento ao cliente e o pós-venda. Mas o sucesso reside na capacidade de encantar o consumidor em todos os momentos da sua jornada. Isso inclui desde a primeira interação com a marca, até os pequenos detalhes durante o uso do produto ou serviço, criando o que Rafael Bonjorno e seus coautores chamam de *"ownership experience"*. Essa experiência de propriedade vai além da simples entrega do produto: ela envolve um relacionamento ativo e contínuo, em que cada comunicação com o cliente é personalizada, relevante e estratégica.

Essa abordagem é semelhante ao trabalho de um enólogo que monitora cuidadosamente o vinho ao longo do tempo, desde a fermentação até o envelhecimento em barris. Cada estágio é fundamental para garantir que o vinho amadureça de maneira adequada e entregue seu melhor potencial. No mundo corporativo, as empresas precisam adotar uma estratégia semelhante para garantir que cada fase da jornada do cliente — desde a compra inicial até o suporte pós-venda — seja bem orquestrada para gerar lealdade e encantamento.

O papel das métricas e do retorno sobre investimento em CX

Como em qualquer investimento, as iniciativas de experiência do cliente (CX) precisam ser mensuráveis. Franz ressalta a relevância de alinhar os resultados pretendidos com os reais e medir o impacto financeiro do aporte em CX. Isso pode incluir desde a redução de custos — como menos defeitos, devoluções e suporte técnico — até o aumento de receita por uma maior retenção de clientes e novas aquisições. Assim como uma vinícola de prestígio necessita observar atentamente suas safras para garantir o retorno sobre o investimento, as empresas também devem avaliar continuamente o impacto de suas estratégias de CX.

Essas métricas vão além do aspecto financeiro direto. Um bom programa de CX deve ser capaz de alavancar toda a organização, criando um alinhamento entre os diferentes departamentos e fomentando uma cultura verdadeiramente centrada no cliente. Da mesma forma que a vinificação requer colaboração entre agrônomos, enólogos e distribuidores, a criação de uma experiência excepcional depende da sinergia entre marketing, vendas, atendimento ao cliente e outros departamentos.

A importância de personalizar a comunicação

Um dos erros mais comuns nas estratégias de CX é o **excesso de comunicação não personalizada**. O envio de e-mails em massa, sem considerar as preferências e o comportamento do consumidor, muitas vezes resulta em uma experiência negativa. Isso é semelhante a servir o vinho errado para o cliente errado — um gesto que, em vez de encantar, afasta o consumidor. A chave para uma *ownership experience* está em criar interações

personalizadas e relevantes, em que cada comunicação agrega valor e fortalece o relacionamento com a marca.

Na enologia, o princípio é o mesmo. A escolha do barril, o tempo de envelhecimento e o momento ideal para engarrafar o vinho são decisões personalizadas. Isso garante que o produto final atenda aos mais altos padrões de qualidade. Do mesmo modo, empresas que personalizam sua abordagem ao cliente criam uma experiência única e memorável.

Conectando a paixão pelo vinho com o mundo dos negócios

Em última análise, seja no universo dos vinhos, seja nos negócios, o êxito é fruto da paixão pela excelência e do compromisso com a qualidade em cada passo do caminho. Da mesma forma que um grande vinho é o resultado de décadas de cuidado e dedicação, uma experiência excepcional do cliente é fruto de um investimento contínuo em processos, pessoas e tecnologia. Quando feito corretamente, o resultado é um cliente encantado, que retorna não apenas pelo produto ou serviço, mas pela experiência única que viveu.

Customer Experience é uma arte que, assim como a vinificação, requer paciência, atenção aos detalhes e uma verdadeira conexão com o cliente. Empresas que dominam essa arte estão, sem dúvida, mais bem posicionadas para prosperar no mercado competitivo de hoje.

A resistência à mudança e a jornada da experiência do cliente: uma reflexão a partir do mundo do vinho

Quando falamos sobre experiência do cliente (CX), frequentemente subestimamos a **complexidade emocional** envolvida nas mudanças que visam melhorar essa experiência. No mundo corporativo, enfrentamos resistências a novos processos e produtos. Similarmente, o universo do vinho sofre transformações. Essas mudanças desafiam produtores e consumidores a deixarem suas zonas de conforto.

No ambiente empresarial, mudanças profundas — tecnológicas, estratégicas ou de modelo de negócio — geram uma sequência previsível de emoções, comparáveis às fases de adaptação pessoal: choque, negação, barganha, depressão e, por fim, aceitação. Essas etapas são descritas no livro *Experiência do cliente na teoria e muita prática*, por Lucied Manduca Marques, ao detalhar como as pessoas enfrentam a transição para um modelo centrado no cliente. Esta é a **curva da mudança**, em que cada indivíduo, ou empresa, passa por um processo emocional antes de se alinhar a uma nova estratégia. Estas fases foram estudadas no final dos anos 1960 com pacientes que recebem notícias ruins em seu tratamento ou diagnóstico e têm sido amplamente utilizadas no mundo dos negócios.

Assim como um enólogo ajusta técnicas para safras desafiadoras, uma organização deve gerenciar emoções internas dos colaboradores. Isso é essencial para implementar mudanças eficazes e duradouras. Ao resistir à mudança, seja por medo do desconhecido, seja por apego ao "jeito antigo", muitas empresas acabam perpetuando comportamentos que **sabemos não funcionar mais**, o que prejudica a experiência do cliente e, consequentemente, o sucesso do negócio.

A curva da resistência: do choque à aceitação

A jornada de transformação começa com a negação, momento em que ouvimos frases como: "Sempre fiz assim, por que mudar?" ou "por que precisamos preencher mais relatórios, se já conhecemos tudo?". Essa resistência inicial é uma reação natural ao medo de perder controle sobre algo familiar, algo que no mundo do vinho pode ser comparado ao viticultor que reluta em adotar novas técnicas de cultivo ou vinificação. É uma resposta conservadora que, muitas vezes, impede inovações necessárias para manter a competitividade e a qualidade.

No entanto, é crucial que as empresas — e vinícolas — passem dessa fase para a **aceitação**, em que a mudança não apenas é compreendida, mas adotada de forma proativa. Franz et al. mencionam que o sucesso de qualquer transformação organizacional depende de **esforço coletivo**, não de decisões isoladas em silos departamentais. Assim como na vinificação, em que todos os aspectos — desde o cultivo das uvas até o envelhecimento do vinho — precisam trabalhar em conjunto para garantir o resultado final, o sucesso de uma estratégia de CX depende da **cooperação entre todos os departamentos**. TI, marketing, atendimento e comercial devem agir de forma integrada, sempre com o cliente como foco principal.

CX como um esporte coletivo: silos e suas armadilhas

Os maiores desafios na implementação de uma estratégia centrada no cliente são quebrar os silos organizacionais. Muitas empresas ainda operam de forma compartimentada, com cada departamento focado em seus próprios KPIs e metas, sem uma visão clara de como suas ações impactam a jornada do cliente de maneira integrada. Esse fenômeno é conhecido como "anomalias de experiência", termo descrito por Fernando Dantas S. Jr., no qual as etapas da jornada do cliente funcionam individualmente, mas, quando vistas em conjunto, não fazem sentido para o consumidor.

Um exemplo claro dessa situação ocorreu durante minha experiência no Chile em 2018, durante as manifestações populares que paralisaram o país por vários dias. Mais de dois milhões de pessoas saíram às ruas em Santiago, com o transporte público interrompido, rodovias bloqueadas e restrições severas à compra de alimentos e água. Em meio a essa crise, nossa missão era garantir que a empresa continuasse funcionando para entregar medicamentos essenciais a hospitais e a pacientes internados em diversas regiões da cidade.

Resistência à mudança e experiência do cliente são aspectos refletidos no mundo do vinho. A complexidade emocional envolvida nas melhorias da experiência do cliente é frequentemente subestimada. No ambiente corporativo, encontramos resistências a novos processos e produtos. Similarmente, o setor vinícola também sofre transformações.

Por quê? Por que cada área da empresa operava com seu próprio CRM, e os grupos de clientes estavam segmentados de acordo com divisões internas, não com a visão do cliente?

A comunicação que criamos para os clientes espelhava isso: parecia uma chamada de central de atendimento, em que era necessário "pressionar 1" para se conectar com licitações, "pressionar 2" para vendas, "pressionar 3" para informações médicas e assim sucessivamente.

Depois da crise, notamos que a questão não era nosso empenho ou intenção, mas a estrutura interna da empresa, focada em departamentos separados em vez de na experiência integral do cliente. Esse evento foi um ponto de virada, e começamos a trabalhar imediatamente para eliminar esses silos e garantir que nossa comunicação fosse fluida e centrada no cliente.

Aqui fica uma dica importante: faça um simulado de crise em sua empresa e veja como a comunicação com seus clientes realmente acontece. Você pode se surpreender, assim como nós nos surpreendemos. Tenho certeza de que, independentemente do resultado, será um passo importante para você ter um bom diagnóstico de como vocês estão operando.

Convicções e rituais: o ciclo virtuoso da transformação

Tanto no universo empresarial quanto no do vinho, a transformação bem-sucedida depende de rituais e convicções que sustentam a mudança a ser observada nos cuidados que o enólogo tem ao longo de todo o processo de produção: da poda das videiras à escolha dos barris para o envelhecimento. Nas empresas, a repetição de boas práticas gera um ciclo virtuoso. Práticas como feedback contínuo, análise detalhada da jornada do cliente e foco na inovação resultam em esforço, dedicação e resultados positivos. Esses, portanto, levam ao reconhecimento e motivam o contínuo aprimoramento.

Franz e coautores mencionam que a chave para manter esse ciclo em movimento está na **convicção** de que a mudança, embora difícil, traz recompensas valiosas. As empresas que conseguem quebrar a barreira da resistência inicial e adotar plenamente um modelo de CX centrado no cliente são aquelas que prosperam, adaptando-se não apenas às necessidades atuais, mas também antecipando as demandas futuras dos consumidores.

O papel da liderança na transformação CX

Outro ponto crítico na transformação de CX é a liderança. Quem é responsável por liderar essa jornada? TI? Marketing? Atendimento? A verdade é que, como Fernando Dantas S. Jr. bem coloca, "CX é um esporte coletivo, e a responsabilidade é de todos na organização".[21] A liderança, no entanto, deve ter a visão estratégica para integrar os esforços de todas as áreas, assegurando que o foco no cliente permeie todos os processos internos.

No mundo do vinho, os melhores vinhos não são fruto de uma única decisão isolada — são o resultado de uma série de escolhas colaborativas, desde o vinhedo até a garrafa. Da mesma forma, para uma empresa ser verdadeiramente centrada no cliente, todos os departamentos precisam trabalhar de forma harmoniosa, como uma orquestra bem afinada, para garantir uma experiência que encante o consumidor em cada interação. Esforço, paciência e, acima de tudo, comprometimento coletivo são fundamentais para alcançar os resultados desejados nessa transformação.

Portanto, a jornada de transformação para uma empresa centrada no cliente é, sem dúvida, desafiadora. Mas, à semelhança do vinho, que se aprimora com o tempo, os resultados beneficiam tanto a organização quanto seus clientes. Afinal, assim como no vinho, a verdadeira **magia** acontece quando todos os elementos se alinham em harmonia, criando uma experiência que vai além do esperado.

Análise sensorial na degustação de vinhos	Teoria de *Customer Experience* (CX)	Analogia entre vinho e CX
Aparência do vinho: o examinador olha para a cor, clareza e intensidade visual do vinho para determinar sua qualidade e idade.	**Primeira interação do cliente:** a primeira impressão de um cliente ao visitar o site ou entrar em contato com a empresa determina muito de sua percepção inicial de qualidade.	Assim como a aparência do vinho define a primeira impressão do degustador, o design e a usabilidade de um site ou ambiente físico moldam a experiência inicial do cliente.

(continua)

(cont.)

Análise sensorial na degustação de vinhos	Teoria de *Customer Experience* (CX)	Analogia entre vinho e CX
Aroma do vinho: o nariz é usado para identificar notas frutadas, florais e outras características do vinho. É uma parte crucial para entender seu perfil e profundidade.	**Sensações subjetivas no CX:** as emoções do cliente são ativadas ao entrar em contato com a marca. Elementos como fragrâncias de loja, sons ou atendimento inicial ativam sentidos emocionais que podem determinar a qualidade da experiência.	O "aroma" de uma marca são as pequenas interações que o cliente sente de maneira emocional. Assim como o aroma de um vinho pode ser subjetivo, as percepções sensoriais do cliente também variam de pessoa para pessoa.
Paladar: o vinho é mantido na boca, onde o degustador avalia sua estrutura (acidez, taninos, corpo, doçura), proporcionando uma visão mais profunda de sua composição.	**Qualidade e complexidade de serviços:** no CX, os elementos estruturais são o atendimento, qualidade do produto, consistência e alinhamento de expectativas. Esses aspectos formam a "estrutura" da experiência do cliente.	Assim como no paladar do vinho, o cliente "experimenta" a empresa por meio da interação com o serviço e produto. Elementos como acidez e taninos podem ser vistos como os desafios e diferenciais da marca.

(continua)

(cont.)

Análise sensorial na degustação de vinhos	Teoria de *Customer Experience* (CX)	Analogia entre vinho e CX
Retrogosto/final: a sensação que o vinho deixa após ser engolido ou cuspido, definindo sua persistência e prazer prolongado.	**Pós-venda e memória do cliente:** o pós-venda e a forma como a empresa continua interagindo com o cliente após a compra definem o nível de satisfação e fidelidade.	O retrogosto de um vinho é como o pós-venda no CX. A experiência continua após a interação inicial, e a memória de satisfação pode influenciar compras futuras.
Comparação de estilos de vinho: um degustador experiente sabe diferenciar os estilos e as origens de um vinho com base em sua tipicidade, refletindo *terroir* e técnicas de produção.	**Segmentação de clientes e personalização:** a identificação de perfis de clientes (segmentos) permite que as empresas personalizem ofertas e experiências, maximizando a satisfação de diferentes grupos.	A análise de *terroir* no vinho pode ser comparada à segmentação de clientes. Da mesma forma que diferentes uvas produzem perfis únicos, clientes diferentes exigem abordagens personalizadas.
Complexidade aromática: aromas e sabores não são lineares e muitas vezes interagem de maneiras que podem ser difíceis de decifrar, principalmente em vinhos de alta qualidade.	**Interações multicanais e experiências não lineares:** no CX, as experiências multicanais podem ser complicadas e não lineares. Diferentes pontos de contato (site, loja, app) precisam ser harmonizados para uma experiência coesa.	A complexidade aromática no vinho reflete a complexidade das interações multicanais no CX. Harmonizar vários pontos de contato é tão crucial quanto integrar os diferentes sabores em um vinho.

(continua)

(cont.)

Análise sensorial na degustação de vinhos	Teoria de *Customer Experience* (CX)	Analogia entre vinho e CX
Mistura de uvas (*blending*): os enólogos combinam diferentes uvas para criar vinhos equilibrados e complexos.	**Multidisciplinaridade e cooperação entre departamentos:** no CX, a colaboração entre TI, marketing, atendimento ao cliente e outros departamentos é essencial para entregar uma experiência coesa e eficaz.	O *blending* de uvas em vinhos reflete a cooperação entre departamentos no CX. Somente a combinação adequada de elementos (ou uvas) garante o resultado final desejado.

Essa tabela ilustra como as técnicas sensoriais na degustação de vinhos e as estratégias de CX podem se espelhar, destacando a importância de uma visão holística e multissensorial tanto no vinho quanto na experiência do cliente. A análise sensorial e a gestão da experiência compartilham princípios de complexidade, subjetividade e necessidade de harmonização.

Referências

1. FERRARINI, R.; CARBOGNIN, C.; CASAROTTI, E. M.; NICOLIS, E.; NENCINI, A.; MENEGHINI, A. M. The emotional response to wine consumption. *Food Quality and Preference*, v. 21, n. 7, p. 720-725, 2010. Disponível em: https://www.sciencedirect.com/science/article/abs/pii/S095032931000114X.

2. SILVA, A. P.; JAGER, G.; VAN BOMMEL, R.; VAN ZYL, H.; VOSS, H.-P.; HOGG, T., et al. Functional or emotional? How Dutch and Portuguese conceptualise beer, wine and non-alcoholic beer consumption. *Food Quality and Preference*, v. 49, p. 54–65, 2016.

3. SHEPHERD, G. *Neuroenology*: how the brain creates the taste of wine. New York: Columbia University Press, 2017. p. 1.

4. MATTHEWS, M. A. *Terroir and other myths of winegrowing*. Oakland: University of California Press, 2015. p. 8.

5. WINE FOLLY. Wine Sommelier Levels: What They Mean. Disponível em: https://winefolly.com/deep-dive/wine-sommelier-levels-what-they-mean/. Acesso em: 30 jul. 2024.

6. CALVO-PORRAL, C.; LÉVY-MANGIN, J; RUIZ-VEGA, A. An emotion-based typology of wine consumers. *Food Quality and Preference*, v. 79, p. 103777, 2020.

7. DESMET, Pieter M. A.; SCHIFFERSTEIN, Hendrik N. J. Sources of positive and negative emotions in food experience. *Appetite*, v. 50, n. 2–3, p. 290-301, 2008.

8. MARIÑO-SANCHEZ, F. S.; ALOBID, I.; CANTELLAS, S.; ALBERCA, C.; GUILEMANY, J. M.; CANALS, J. M.; DE HARO, J.; MULLOL, J. Smell training increases cognitive smell skills of wine tasters compared to the general healthy population: The WINECAT Study. *Rhinology*, v. 48, n. 3, p. 273-276, 2010.

9. CAISSIE, A. F.; RIQUIER, L.; DE REVEL, G.; TEMPERE, S. Representational and sensory cues as drivers of individual differences in expert quality assessment of red wines. *Food Quality and Preference*, v. 87, p. 104032, 2021.

10. HANNI, T. *Why you like the wines you like*: changing the way the world thinks about wine. Napa: HanniCo LLC, 2012. p. 4.

11. BURTON, N. *The concise guide to wine and blind tasting*: volume 1. Acheron Press. Edição do Kindle. p. 69-70.

12. SMITH, C. *Postmodern winemaking*: rethinking the modern science of an ancient craft. Oakland: University of California Press, 2013. p. 31.

13. QUARIN, Jean-Marc. *Guide Quarin des vins de Bordeaux*. França: Solar Editions, 2011. p. 14-17.

14. SHEPHERD, G. *Neuroenology*: how the brain creates the taste of wine. New York: Columbia University Press, 2017. p. 169.

15. FROST, R.; QUIÑONES, I.; VELDHUIZEN, M.; ALAVA, J. I.; SMALL, D.; CARREIRAS, M. What can the brain teach us about winemaking? An fMRI study of alcohol level preferences. *PLoS ONE*, v. 10, n. 3, p. e0119220, 2015.

16. LAING, D. G.; FRANCIS, G. W. The capacity of humans to identify odors in mixtures. *Physiology & Behavior*, v. 46, n. 5, p. 809-814, 1989.

17. LIVERMORE, A.; LAING, D. G. The influence of chemical complexity on the perception of multicomponent odor mixtures. *Perception & Psychophysics*, v. 60, p. 650–661, 1998.

18. FRANZ, A.; HAIASHYDA, A.; STUCHI, B.; BÖMER, E.; SALGADO, F.; ZAPATA, F.; DANTAS, F.; MELIA, G.; GOLDING, I.; MANDUCA, L. *Experiência do cliente na teoria e muita prática* (Portuguese Edition). Editora Rokkets, 2020. Edição do Kindle. p. 36.

19. NEWMAN, M.; McDONALD, M. *Customer experience: como alavancar o crescimento e rentabilidade do seu negócio colocando a experiência do cliente em primeiro lugar* (Portuguese Edition). Autêntica Business. Edição do Kindle. p. 30.

20. FRANZ, A.; HAIASHYDA, A.; STUCHI, B.; BÖMER, E.; SALGADO, F.; ZAPATA, F.; DANTAS, F.; MELIA, G.; GOLDING,

I.; MANDUCA, L. *Experiência do cliente na teoria e muita prática* (Portuguese Edition). Editora Rokkets, 2020. Edição do Kindle. p. 37.

21. FRANZ, A.; HAIASHYDA, A.; STUCHI, B.; BÖMER, E.; SALGADO, F.; ZAPATA, F.; DANTAS, F.; MELIA, G.; GOLDING, I.; MANDUCA, L. *Experiência do cliente na teoria e muita prática* (Portuguese Edition). Editora Rokkets, 2020. Edição do Kindle. p. 255.

CAPÍTULO 6

Sustentabilidade e responsabilidade social corporativa

A sustentabilidade no mundo do vinho é um tema crescente. Suas práticas inspiram empresas de outros setores, que buscam alinhar responsabilidade ambiental, social e econômica com a longevidade dos negócios. Neste capítulo, exploraremos como a **viticultura sustentável** e a **responsabilidade corporativa** estão interligadas e como as empresas podem adotar princípios semelhantes para enfrentar os desafios globais de sustentabilidade. O vinho, além de ser um produto agrícola amplamente apreciado e rastreável, está em uma posição única para liderar mudanças importantes nesse campo.

Sustentabilidade e responsabilidade social no vinho

A produção de vinhos, em muitos aspectos, pode servir como uma analogia perfeita para empresas que buscam integrar práticas sustentáveis em suas operações. Assim como os proprietários de vinícolas de Bordeaux e outras regiões expressaram sua preocupação em se adaptar às mudanças climáticas e proteger seus terroirs, as empresas enfrentam desafios semelhantes ao tentar equilibrar crescimento econômico e responsabilidade social. A citação de Sandra Taylor, autora de *The business of sustainable wine*, é particularmente pertinente:

> O vinho é um dos poucos produtos agrícolas em que podemos rastrear cada passo — da uva à garrafa. Isso torna o setor vinícola uma vitrine de boas práticas que podem ser aplicadas em diversos outros setores, inclusive em termos de transparência e rastreabilidade nas cadeias de suprimentos.[1]

Da mesma forma que os vitivinicultores ajustam suas práticas para mitigar o impacto ambiental, empresas precisam olhar para além de reduzir danos e pensar em como **"fazer o bem"** de forma ativa. Sustentabilidade não é apenas minimizar efeitos negativos, mas maximizar contribuições positivas — para o ambiente e para a sociedade. Aqui, as práticas de vinificação sustentável podem fornecer lições sobre como implementar mudanças práticas no uso eficiente da água, preservação da biodiversidade e até mesmo sobre a conscientização do consumidor.

ESG e a mudança de mentalidade

Paula Harraca, em seu livro *O poder transformador do ESG: como alinhar lucro e propósito*, discute como as empresas precisam se tornar "melhores para o mercado e para o mundo, e não apenas as melhores do mercado".² Esse princípio é vital tanto para a indústria do vinho quanto para qualquer setor que deseja prosperar no longo prazo. No mundo corporativo, a transição de uma mentalidade voltada exclusivamente para os acionistas para outra que também leva em conta as partes interessadas já é perceptível. No entanto, ainda estamos longe de aplicar essas mudanças em escala global.

Os Objetivos de Desenvolvimento Sustentável (ODS) da ONU, acordados por 193 países em 2015, são excelentes guias para orientar essas transformações. As metas de sustentabilidade mais ligadas à indústria do vinho são a ação climática e a proteção da biodiversidade. A primeira lida com os desafios impostos pelas mudanças climáticas. A segunda impacta diretamente a qualidade dos terroirs, afetando a produção de vinho.

Desafios comuns entre vinícolas e empresas

Assim como os produtores de vinho enfrentam desafios ao tentar manter a qualidade e a singularidade de suas safras em um ambiente de mudança climática, as empresas precisam lidar com a transição para um modelo de negócios sustentável em um cenário de escassez de recursos. O ponto em comum entre vinícolas e empresas é a crescente percepção de que o crescimento ilimitado em um planeta finito é insustentável.

Paul Polman, ex-CEO da Unilever, categoriza dois tipos de capitalismo: o capitalismo de acionistas e o capitalismo de *stakeholders*. O primeiro busca maximizar o retorno para os acionistas a curto prazo, enquanto o segundo reconhece que o crescimento a longo prazo só será possível quando as empresas atenderem às demandas de todas as partes interessadas — sejam consumidores, colaboradores, comunidades ou o meio ambiente. Da mesma forma, vinícolas estão adotando práticas que não apenas preservam o meio ambiente, mas também envolvem e beneficiam suas comunidades locais.[3]

A equação do "eu, nós e o ecossistema"

Ao pensar em sustentabilidade, precisamos adotar uma abordagem que envolva todos os níveis: o indivíduo ("eu"), as organizações e comunidades ("nós") e o planeta em sua totalidade ("ecossistema"). No setor vitivinícola, os produtores estão cada vez mais conscientes do impacto de suas atividades na biodiversidade local e no bem-estar das comunidades produtoras. Igualmente, empresas que adotam uma mentalidade de longo prazo e de "bem coletivo" estão mais equipadas para navegar pelas incertezas do porvir.

Por exemplo, vinícolas em regiões como Bordeaux estão investindo em soluções sustentáveis, como uso de energias renováveis e uso zero de pesticidas, todas ações que se alinham com os ODS. Essas práticas não apenas protegem o meio ambiente, mas também agregam valor à marca, atraindo consumidores conscientes e exigentes.

O que aprendemos tanto com as vinícolas quanto com o universo empresarial é que a sustentabilidade é uma jornada que exige colaboração, inovação e, acima de tudo, ação imediata. No mundo do vinho, cada decisão, desde a escolha das uvas até o processo de vinificação, impacta o produto final. Similarmente, as empresas devem entender que suas ações de hoje têm consequências duradouras. Decisões não devem ser baseadas somente no corte de custos, mas também no objetivo de gerar um impacto positivo para todos os *stakeholders*.

Esse capítulo é um convite para que cada um de nós, seja como consumidores, gestores ou produtores, adotemos uma visão mais ampla e responsável do nosso papel no mundo. O futuro das empresas, assim como o das vinícolas, depende de nossa capacidade de sermos agentes ativos na criação de um futuro mais justo e sustentável.

O impacto da sustentabilidade na produção de vinho

As vinícolas, assim como empresas em outros setores, enfrentam a necessidade de se adaptarem a um mundo onde a conservação ambiental e a responsabilidade social são mais do que ideais aspiracionais; são requisitos para a continuidade dos negócios. A agricultura biológica, biodinâmica e de precisão são práticas significativas adotadas por produtores de vinho. Eles visam minimizar o impacto ambiental e aumentar a eficiência dos recursos. Essas práticas incluem a redução do consumo de água, o uso de energias renováveis e o foco na preservação da biodiversidade nas vinhas.

A sustentabilidade na produção de vinho, no entanto, vai além do cuidado com o meio ambiente. Práticas laborais justas e o apoio às comunidades locais são igualmente importantes para garantir que o impacto positivo da vinicultura seja sentido em todos os níveis da cadeia de valor. Como falamos há pouco, Sandra Taylor ressalta em seu livro *The business of sustainable wine* (2017), "o vinho é um dos poucos produtos agrícolas onde os consumidores podem rastrear sua origem com precisão, conhecendo o terroir, as condições climáticas e as práticas de produção específicas daquele ano".

As empresas, assim como as vinícolas, precisam adotar uma abordagem holística para a sustentabilidade, considerando seus impactos não apenas no meio ambiente, mas também na sociedade e nas comunidades que elas tocam. Paul Polman, em seu livro *Net positive: como empresas corajosas prosperam dando mais do que tirando*, afirma que as empresas devem repensar seu papel na sociedade e adotar uma mentalidade que vá além do lucro a curto prazo. Ele descreve cinco princípios centrais que podem levar as empresas a um novo nível de desempenho, em que o impacto positivo é o objetivo principal:[3]

1. Assumir responsabilidade por todos os impactos e consequências, intencionais ou não.
2. Trabalhar em benefício do longo prazo da empresa e da sociedade.
3. Criar retorno positivo para todas as partes interessadas.
4. Enxergar o aumento do lucro para os acionistas como um resultado, e não como o objetivo principal.
5. Fazer parcerias para impulsionar as mudanças sistêmicas.

Esses princípios são diretamente aplicáveis no mundo do vinho. Produtores buscando longevidade e impacto positivo devem considerar a sustentabilidade de suas práticas agrícolas e o impacto na comunidade e meio ambiente.

Os ODS e a indústria do vinho

A Agenda 2030 e os Objetivos de Desenvolvimento Sustentável (ODS) das Nações Unidas servem como uma bússola para governos e empresas que desejam alinhar suas práticas com um futuro mais sustentável. A indústria do vinho pode contribuir significativamente para esses objetivos, principalmente nas áreas de gestão de recursos hídricos, energia limpa e trabalho decente. Como Taylor menciona, o vinho está em uma posição única para liderar essa mudança, já que os consumidores estão interessados na origem e nas práticas de produção desse produto.

Entre os **17 ODS**, podemos destacar os seguintes como diretamente relevantes para a viticultura:

- **ODS 6: Água potável e saneamento** – A redução do consumo de água e o tratamento adequado da água utilizada nas vinícolas são cruciais.
- **ODS 7: Energia limpa e acessível** – O uso de fontes de energia renováveis, como a energia solar, para alimentar operações nas vinícolas está se tornando comum.
- **ODS 12: Consumo e produção responsáveis** – O foco na rastreabilidade e na produção sustentável ajuda a garantir que o vinho seja produzido de maneira responsável, tanto ambiental quanto socialmente.
- **ODS 13: Ação contra a mudança global do clima** – A viticultura está diretamente ligada às mudanças climáticas, uma vez que o clima influencia diretamente o crescimento das vinhas e a qualidade das uvas.

A viticultura sustentável se destaca como um modelo que outras indústrias podem seguir, pois equilibra o impacto ambiental com a produção de qualidade e o bem-estar das comunidades. Essa abordagem holística, que integra práticas de agricultura biológica, biodinâmica e agricultura de precisão, pode ser replicada em empresas que buscam uma estratégia mais sustentável.

No entanto, a sustentabilidade não se limita à gestão ambiental. A equidade social, incluindo condições de trabalho justas e apoio a comunidades locais, também é fundamental para garantir que a indústria do vinho se mantenha sustentável. Muitas vinícolas estão adotando certificações oficiais de sustentabilidade, tanto ambiental quanto social. Isso acontece apesar dos desafios de custos adicionais e trabalho extra para se adequar a tais exigências.

Desafios e oportunidades

Assim como as vinícolas enfrentam desafios ao tentar implementar práticas mais sustentáveis, as empresas de todos os setores precisam lidar com barreiras como custos iniciais, mudanças culturais e o tempo necessário para ver os resultados. No entanto, essas mudanças estruturais são fundamentais para que as empresas prosperem a longo prazo e se alinhem às expectativas crescentes de consumidores, investidores e outras partes interessadas.

A indústria do vinho, ao adotar práticas de viticultura sustentável e certificações ambientais, está liderando um movimento que deve ser seguido por outras empresas. Assim como as vinícolas estão fazendo parcerias para promover mudanças na cadeia de suprimentos, as empresas também devem se unir para enfrentar desafios globais, como a crise climática e a desigualdade social.

Em resumo, a sustentabilidade não é mais uma escolha; é uma necessidade. Empresas e vinícolas que adotam práticas sustentáveis não só protegem o meio ambiente e as comunidades, mas também garantem a longevidade e a resiliência de suas operações.

Ao observar a jornada da indústria do vinho, podemos ver que a sustentabilidade é mais do que uma tendência — é uma responsabilidade compartilhada que envolve repensar desde a maneira como produzimos até como consumimos. Para as empresas que desejam prosperar no século XXI, a integração de práticas sustentáveis não é apenas uma vantagem competitiva, mas uma necessidade para garantir um futuro mais justo e equilibrado para todos.

A sustentabilidade no mundo do vinho é um tema que vai além das práticas agrícolas. Ao analisarmos ações de preservação ambiental, percebemos a motivação das vinícolas para práticas ecologicamente corretas. Elas estão conectadas à influência de suas decisões no meio ambiente, comunidade e resultados financeiros a longo prazo. Assim como nas empresas, a sustentabilidade é uma resposta necessária para garantir o futuro do setor e criar uma vantagem competitiva duradoura.

O que motiva a sustentabilidade nas vinícolas?

Algumas vinícolas são motivadas pela necessidade de conformidade regulatória ou pelas pressões do mercado. Outras, de forma mais proativa, adotam práticas sustentáveis movidas pelos valores da gerência, o bem-estar dos funcionários e até pela competitividade em mercados conscientes. Muitas regiões vinícolas se ligam a outras áreas de hospitalidade e turismo. Isso enfatiza a importância da gestão ambiental, não só internamente, mas também como parte crucial de um ecossistema econômico mais amplo.

Nas empresas e vinícolas, práticas sustentáveis são motivadas por fatores externos e internos. Externos como regulações e expectativas do mercado, internos como valores organizacionais e estratégias de longo prazo. O que distingue as empresas de sucesso é a capacidade de transformar essas motivações em **práticas contínuas**, que vão além do *compliance* e se tornam um diferencial competitivo.

Vitivinicultura: convencional x vitivinicultura sustentável

A vitivinicultura convencional é, muitas vezes, baseada no uso intensivo de pesticidas e inseticidas para proteger as uvas das pragas e doenças. No entanto, este modelo de monocultura traz diversos desafios para o meio ambiente, desde a perda de biodiversidade até a contaminação do solo e da água.

Por outro lado, a viticultura sustentável promove um ambiente equilibrado, em que a videira coexiste com outras plantas e organismos, mantendo um ecossistema saudável. Esse modelo integra práticas que não se limitam à preservação ambiental, mas também abrange aspectos sociais e econômicos, como condições de trabalho justas e a viabilidade financeira da produção a longo prazo.

Da mesma forma, no mundo corporativo, as empresas que adotam práticas sustentáveis precisam equilibrar a redução de impactos ambientais com a responsabilidade social e a lucratividade. Essa abordagem holística não só protege o meio ambiente, mas também garante que as empresas prosperem em um mercado consciente.

Os impactos ambientais e o ciclo de vida do vinho

O processo de vinificação tem uma pegada ambiental significativa, desde o cultivo das uvas até a distribuição das garrafas. Estudos como o de Tyler Colman e Pablo Päster, que calculam as emissões de gases de efeito estufa (GEE) da produção de vinho, mostram que, embora a participação do setor nas emissões globais seja de apenas 0,08%, o impacto é comparável à combustão de 1 milhão de veículos de passageiros em um ano.[5]

Esses dados destacam a urgência para que vinícolas e empresas reduzirem de todos os setores reduzam a pegada de carbono. Isso pode ser feito por meio do sequestro de carbono, uso de energias renováveis ou práticas agrícolas eficientes.

Empresas que buscam minimizar seu impacto ambiental podem aprender muito com as vinícolas que adotam práticas sustentáveis, integrando essas ideias às suas cadeias de suprimentos e de produção.

Sustentabilidade como um diferencial competitivo

Um dos maiores desafios para as vinícolas — e para empresas de outros setores — é encontrar o equilíbrio entre práticas sustentáveis e o crescimento econômico. No entanto, essa não é uma tarefa impossível. Um estudo realizado por Annunziata et al. (2018) mostrou que empresas que adotam capacidades organizacionais voltadas para comunicação, colaboração com parceiros e inovação de produtos conseguem implementar práticas que se tornam uma fonte de vantagem competitiva.

Esse estudo, focado na indústria vinícola italiana, reforça que o tamanho e a idade da empresa não são barreiras para a adoção de práticas sustentáveis. Pequenas e médias empresas podem, sim, competir em um mercado sustentável se conseguirem integrar a sustentabilidade à inovação e às suas operações diárias.[6]

Para que práticas sustentáveis se tornem viáveis e eficazes, é essencial que as vinícolas e as empresas colaborem. A inovação na produção de vinho preserva recursos naturais e mitiga os efeitos do clima. Isso não apenas melhora a qualidade do produto, mas também abre novas oportunidades de crescimento. O desenvolvimento de novos mercados e a criação de produtos turísticos e recreativos são exemplos.

Para que isso se torne realidade, as vinícolas — e as empresas em geral — precisam identificar os benefícios econômicos, sociais e ambientais que podem ser obtidos ao investir em soluções sustentáveis. Isso inclui reconhecer que a sustentabilidade não é um custo extra, mas sim um investimento em um futuro mais seguro e competitivo.

As iniciativas sustentáveis no setor do vinho

Como ilustrado por Sandra Taylor em *The business of sustainable wine* (2017), a indústria do vinho está em uma posição única para liderar a agenda da sustentabilidade no setor agrícola. Os consumidores querem conhecer a origem de seus vinhos, visitar os vinhedos e entender as práticas de produção. Nenhum outro produto agrícola tem uma rastreabilidade tão forte quanto o vinho, o que proporciona às vinícolas uma chance especial de educar e engajar os consumidores em relação às práticas sustentáveis.

Além disso, como Polman menciona em *Net positive*, as empresas que adotam um modelo de impacto positivo, em que os benefícios sociais e ambientais são tão importantes quanto o lucro, estão em melhor posição para prosperar a longo prazo. Ao investir em práticas de sustentabilidade e promover parcerias colaborativas, as empresas podem não só proteger o planeta, como também garantir seu lugar em um mercado competitivo.

À medida que mais consumidores se conscientizam sobre a sustentabilidade e o impacto ambiental, a demanda por vinhos — e produtos — produzidos de forma responsável continuará a crescer. As vinícolas que adotarem práticas sustentáveis, investindo em energia renovável, na preservação da biodiversidade e na responsabilidade social, estarão bem posicionadas para capturar uma fatia crescente desse mercado.

Da mesma forma, as empresas que adotarem a sustentabilidade como um pilar estratégico estarão em vantagem competitiva. Elas não só atenderão às expectativas de seus consumidores e investidores, mas também criarão um legado de resiliência e responsabilidade que moldará o futuro dos negócios.

O vinho e as empresas têm em comum a necessidade de se adaptarem a um mundo em rápida mudança, onde as demandas por responsabilidade social e ambiental estão cada vez mais presentes. O caminho para a sustentabilidade é um desafio, mas também uma oportunidade de criar um futuro mais próspero para todos os envolvidos. À medida que as empresas, assim como as vinícolas, se alinham aos Objetivos de Desenvolvimento Sustentável e adotam práticas inovadoras, elas demonstram que é possível crescer de forma sustentável e responsável.

Mundo do Vinho	Perspectiva dos negócios	Analogia e reflexões
Viticultura sustentável: envolve práticas como agricultura orgânica, biodinâmica e de precisão, priorizando a conservação ambiental, a biodiversidade e a gestão eficiente de recursos naturais, como água e energia.	**Negócios sustentáveis**: as empresas estão cada vez mais integrando práticas ambientais, sociais e de governança (ESG) para reduzir impactos negativos e garantir viabilidade de longo prazo. Isso inclui o uso de recursos renováveis e a eficiência energética.	A **sustentabilidade** nas vinícolas reflete o compromisso com o equilíbrio entre produção e responsabilidade ecológica, assim como nas empresas que precisam alinhar suas operações com a preservação ambiental e a responsabilidade social.

(continua)

(cont.)

Mundo do Vinho	Perspectiva dos negócios	Analogia e reflexões
Mudanças climáticas: as alterações no clima afetam diretamente a produção de vinhos, uma vez que muitas variedades de uvas são sensíveis à temperatura e precipitação. Isso leva a uma maior necessidade de práticas de mitigação e adaptação, como manejo eficiente da água e sequestro de carbono no solo.	**Resiliência empresarial**: as empresas também enfrentam os impactos das mudanças climáticas, como custos mais altos de energia e logística, além de novas regulações ambientais. Elas estão investindo em tecnologias limpas e adaptação climática para garantir sua competitividade.	Tanto no mundo do vinho quanto nos negócios, a **resiliência climática** é fundamental. Ambos os setores devem antecipar e mitigar riscos climáticos, buscando práticas inovadoras que garantam a continuidade dos negócios e a proteção ambiental.
Rastreabilidade e transparência: o vinho é um dos poucos produtos agrícolas em que o consumidor pode rastrear a origem desde a videira até a garrafa. Vinícolas que adotam práticas sustentáveis ganham confiança ao mostrar seu compromisso com o meio ambiente.	**Transparência corporativa**: empresas que divulgam seus impactos ambientais e sociais por meio de relatórios de sustentabilidade ou certificações (como B Corps ou ISO 14001) conseguem maior confiança e fidelidade dos consumidores.	A **transparência** é chave tanto para vinícolas quanto para empresas de outros setores. Demonstrar práticas responsáveis e permitir que os consumidores entendam a cadeia de valor fortalece a reputação e o compromisso com a sustentabilidade.

(continua)

(cont.)

Mundo do Vinho	Perspectiva dos negócios	Analogia e reflexões
Impactos sociais: a viticultura sustentável não se limita ao meio ambiente, mas também envolve a responsabilidade social, garantindo condições de trabalho justas e apoio às comunidades locais.	**Responsabilidade social**: empresas devem garantir condições de trabalho dignas e criar valor para as comunidades em que operam. Modelos de negócios sustentáveis incluem o fortalecimento das relações com *stakeholders* e o foco no bem-estar social.	A sustentabilidade deve ser encarada de forma **holística**, englobando o social e o ambiental. Vinícolas e empresas precisam adotar práticas que beneficiem seus trabalhadores e as comunidades em torno de suas operações.
Inovação em práticas sustentáveis: vinícolas líderes estão investindo em soluções tecnológicas como energia solar, eficiência energética e melhor gestão de água para reduzir sua pegada ambiental.	**Inovação verde**: empresas estão cada vez mais adotando tecnologias sustentáveis, como uso de energias renováveis e economia circular, para minimizar os impactos de suas operações e alcançar melhores resultados financeiros.	Tanto vinícolas quanto empresas enfrentam o desafio de equilibrar **inovação tecnológica** com práticas sustentáveis. O uso de tecnologias verdes torna-se uma oportunidade de liderança no mercado e um diferencial competitivo.

(continua)

(cont.)

Mundo do Vinho	Perspectiva dos negócios	Analogia e reflexões
Certificações ambientais: muitas vinícolas buscam certificações como "orgânico" ou "biodinâmico" para validar suas práticas sustentáveis. A certificação proporciona visibilidade e confiança ao consumidor.	**Certificações corporativas**: empresas que se comprometem com sustentabilidade buscam certificações reconhecidas, como ISO 14001, B Corp ou LEED, para demonstrar sua responsabilidade ambiental.	Certificações são um **selo de confiança** que garante aos consumidores e investidores que tanto vinícolas quanto empresas estão comprometidas com práticas sustentáveis. Elas reforçam a credibilidade e abrem portas para novos mercados.

Considerações finais

Ambos os setores, vinícola e empresarial, estão em um ponto crucial de transição, em que práticas sustentáveis não são mais opcionais, mas essenciais para garantir o futuro de seus negócios. A colaboração, inovação e transparência são as chaves para criar um impacto positivo e garantir a longevidade, tanto para as vinícolas quanto para as empresas. O futuro começa no momento presente.

Referências

1. TAYLOR, S. *The Business of Sustainable Wine*: how to build brand equity in a 21st Century wine industry. Wine Appreciation Guild, 2017. p. vi.

2. HARRACA, P. *O poder transformador do ESG*: como alinhar lucro e propósito. São Paulo: Planeta do Brasil, 2022. p. 17.

3. POLMAN, P.; WINSTON, A. Net Positive: como empresas corajosas prosperam dando mais do que tirando. Rio de Janeiro: Sextante, 2022. p. 24.

4. POLMAN, Paul; WINSTON, Andrew. *Net Positive*: como empresas corajosas prosperam dando mais do que tirando. Rio de Janeiro: Sextante, 2022. p. 50.

5. COLMAN, T.; PÄSTER, P. Red, white, and 'green': the cost of greenhouse gas emissions in the global wine trade. *Journal of Wine Research*, v. 20, n. 1, p. 15–26, 2009.

6. ANNUNZIATA, E.; PUCCI, T.; FREY, M.; ZANNI, L. The role of organizational capabilities in attaining corporate sustainability practices and economic performance: evidence from Italian wine industry. *Journal of Cleaner Production*, v. 171, p. 1300-1311, 2018.

CAPÍTULO 7

Tradição, inovação e futuro

Um brinde ao equilíbrio entre o passado e o futuro

No mundo do vinho, como no mundo dos negócios, a balança entre tradição e inovação sempre esteve em constante movimento. A vinificação, que carrega mais de quatro mil anos de história, evoluiu significativamente desde seus primórdios, transformando-se a cada descoberta científica ou mudança cultural. No entanto, à medida que progredimos, um equilíbrio delicado entre o que é reconhecido ao longo do tempo e as novas oportunidades que emergem com a modernização é fundamental. Essa dinâmica entre tradição e inovação, tão crucial na produção de vinhos, também reflete os desafios e as oportunidades vividos pelas empresas em suas trajetórias.

Assim como as vinícolas preservam técnicas ancestrais, as empresas também valorizam práticas estabelecidas que resistiram ao teste do tempo. O valor da tradição, seja na vinificação, seja no desenvolvimento de negócios, reside em sua capacidade de construir uma base sólida. No caso do vinho, isso significa respeitar os terroirs, processos manuais de colheita e fermentação e o envelhecimento natural em barris de carvalho. Nas empresas, é o respeito por princípios éticos e modelos de negócios que se mostraram eficientes em diversas gerações.

No entanto, uma das maiores forças da tradição é sua capacidade de oferecer identidade e consistência. Um vinho produzido por gerações em uma mesma família, assim como uma empresa que mantém suas raízes, carrega consigo uma narrativa rica que atrai e conecta pessoas. Mas será que a tradição sozinha é suficiente para manter o mercado dinâmico e em constante mudança?

O impulso inovador: a necessidade de adaptação

Se a tradição nos mantém firmes em nossas raízes, a inovação é o motor que nos leva adiante. A indústria do vinho, embora ancorada em tradições, está constantemente buscando maneiras de evoluir. Tecnologias modernas, como o uso de drones para mapear vinhedos e sensores para monitorar a saúde das vinhas, são agora comuns em vinícolas de ponta. A inteligência artificial e o aprendizado de máquina estão revolucionando o setor enológico. Essas ferramentas permitem aos enólogos analisar grandes volumes de dados históricos. Assim, podem prever as melhores combinações de uvas e ajustar processos de fermentação.

No mundo dos negócios, a inovação não é diferente. Empresas que resistem à mudança arriscam ficar para trás. A transformação digital, por exemplo, reescreveu as regras da competição global. A implementação de IA, automação e big data proporciona percepções valiosas para corporações, possibilitando decisões mais velozes e exatas. Assim como os vinicultores adaptam suas práticas para responder às mudanças climáticas e às novas demandas dos consumidores, as empresas precisam se manter ágeis, inovando em seus produtos, serviços e estratégias.

Clark Smith, em seu livro *Postmodern winemaking*, explora como o vinho, embora seja uma arte tão antiga, é um campo fértil para a ciência moderna. Ele argumenta que o conhecimento científico pode melhorar a produção de vinho, mas sempre com um olhar para a essência experiencial do vinho — algo que a tecnologia, por mais avançada que seja, não pode reproduzir essa "arte" no vinho é o que faz a experiência de saboreá-lo tão única e pessoal.[1] A mesma ideia pode ser aplicada ao mundo dos negócios: a inovação e a ciência são essenciais, mas não podem substituir o toque humano, o propósito ou os valores que dão alma a uma marca ou produto.

Mudanças e desafios: o equilíbrio delicado

As mudanças rápidas no mundo do vinho e dos negócios impõem desafios significativos. Entre os principais fatores que moldam o futuro da vinificação e das empresas estão:

- **Aumento da concorrência:** novos entrantes no mercado, desde vinícolas emergentes até startups disruptivas, intensificam a competição.

- **Revolução tecnológica:** o uso de IA, automação e tecnologias de precisão está transformando como as vinícolas gerenciam suas colheitas e como as empresas interagem com seus clientes.
- **Mudança de paradigma na enologia e no consumo:** consumidores cada vez mais exigem vinhos (e produtos) sustentáveis, naturais e autênticos. A revolução ética no consumo também reflete uma nova demanda por transparência e responsabilidade social.
- **Taxa de falhas na inovação:** apesar do entusiasmo por novas tecnologias, nem todas as inovações são bem-sucedidas. Muitas falham por falta de adaptação ao mercado ou por problemas de implementação.
- **A importância da crítica:** a "opinião dos especialistas" no vinho e nos negócios está sendo constantemente desafiada por novas gerações de consumidores, que valorizam mais as avaliações de pares ou influenciadores do que os críticos tradicionais.

À medida que avançamos para a próxima década, algumas previsões e recomendações podem ser feitas tanto para a indústria vinícola quanto para as empresas de outros setores:

- **A era do consumo consciente:** tanto no vinho quanto nos negócios, a sustentabilidade será um dos pilares centrais de inovação. O uso de práticas como a agricultura biodinâmica, viticultura de precisão e embalagens sustentáveis ganharão ainda mais relevância. Empresas também precisarão adotar práticas responsáveis em suas cadeias de suprimentos e se alinhar aos valores éticos que atraiam consumidores cada vez mais conscientes.

- **Experiências imersivas e digitais:** assim como os consumidores de vinho buscarão mais experiências imersivas, como enoturismo digital e degustações em realidade virtual, as empresas de outros setores precisarão oferecer experiências digitais personalizadas para engajar seus públicos. A tecnologia desempenhará um papel essencial na criação de conexões mais profundas com os consumidores.
- **Customização e personalização:** no futuro, a personalização será chave, tanto no vinho quanto nas empresas. No setor vinícola, isso se manifestará na criação de rótulos sob medida para clientes individuais, em que os consumidores poderão escolher características como sabor, nível de acidez e taninos. No mercado geral, a personalização será liderada pela IA, que permitirá ofertas hiperpersonalizadas em tempo real para os consumidores.
- **Diversidade e inclusão:** tanto no mundo do vinho quanto nos negócios, a inclusão de diferentes vozes e perspectivas será essencial para a inovação. Estudos mostram que ambientes diversos geram mais criatividade e melhores resultados. Assim, fomentar a diversidade de pensamento será um fator diferencial na próxima década.

No final das contas, a fusão entre tradição e inovação moldará o futuro do vinho e das empresas. O sucesso estará na habilidade de honrar o passado enquanto se constrói o futuro, sendo capaz de inovar sem perder de vista os valores e o propósito. Assim como o enólogo balanceia técnicas antigas e ciência moderna para criar vinhos memoráveis, as empresas precisam dominar o equilíbrio entre tradições e mudança. Elas devem se adaptar a um mundo cada vez mais complexo e em constante evolução.

A tabela a seguir mostra algumas das principais inovações tecnológicas nos negócios e na vitivinicultura. Destaca exemplos reais de cada setor e proporciona uma visão comparativa da aplicação da inovação em ambos os contextos para ajudar a você a pensar e continuar a explorar possibilidades.

Inovação tecnológica	No mundo dos negócios	Na vitivinicultura
Inteligência Artificial (IA)	Empresas utilizam IA para otimização de processos, análise de dados e previsão de tendências de mercado. Ex.: **IBM Watson** usa IA para otimizar a cadeia de suprimentos e prever demandas.[2]	Vinícolas utilizam IA para análise preditiva para gestão de vinhedos, controle de qualidade e produção de vinho. Ex.: A Concha y Toro usando IA para prever o volume de uvas que eles terão em uma estação específica.[3]
Big data e análise de dados	Empresas coletam grandes volumes de dados para entender melhor os comportamentos dos clientes, otimizar a eficiência e prever resultados de campanhas de marketing. Ex.: A **Amazon** utiliza big data para personalizar recomendações de produtos.[4]	A vitivinicultura usa big data para prever condições climáticas e otimizar o rendimento das vinhas, melhorando a qualidade da produção de vinhos. Ex.: **Palmaz Winery em Napa Valley**.[5]

(continua)

(cont.)

Inovação tecnológica	No mundo dos negócios	Na vitivinicultura
Automação e robótica	Indústrias estão automatizando processos repetitivos para aumentar a eficiência e reduzir erros. Ex.: **Tesla e outras montadoras** usam robôs para otimizar a produção de veículos.	Robôs são usados em vinícolas para poda automatizada, monitoramento de vinhedos e colheita. Ex.: **VitiBot** é um robô francês que realiza tarefas agrícolas sem intervenção humana.[6]
Blockchain	Empresas estão implementando *blockchain* para melhorar a transparência na cadeia de suprimentos e garantir a autenticidade de produtos. Ex.: **Walmart** usa *blockchain* para rastrear a origem de produtos agrícolas.	Vinícolas usam *blockchain* para garantir a rastreabilidade do vinho, desde a colheita até a garrafa, combatendo fraudes e aumentando a transparência para o consumidor. Ex.: **Penfolds** usa *blockchain* para garantir a autenticidade de seus vinhos.[7]
Agricultura de precisão	Nos negócios agrícolas, a tecnologia de drones e satélites é usada para monitorar o crescimento das culturas e aplicar insumos de forma mais eficiente. Ex.: **John Deere** usa drones para mapeamento de terras.[8]	Na vitivinicultura, drones são usados para monitoramento de vinhas e aplicação precisa de água ou fertilizantes. Ex.: **Domaine L&R Kox** usa drones para monitorar suas vinhas em Luxemburgo.[9]

(continua)

(cont.)

Inovação tecnológica	No mundo dos negócios	Na vitivinicultura
Realidade Virtual (VR) e Aumentada (AR)	Empresas utilizam VR/AR para criar experiências imersivas para clientes, como no setor imobiliário e automotivo. Ex.: **IKEA** usa AR para permitir que clientes visualizem móveis em suas casas antes de comprar.[11]	Vinícolas oferecem tours virtuais com realidade aumentada para proporcionar uma experiência de enoturismo a consumidores ao redor do mundo. Ex.: **Benzinger Winery** oferece tours virtuais em VR para seus clientes.

Três décadas de evolução no mundo do vinho

Jesús Martínez-Navarro publicou, em 2024, um estudo muito interessante que retrata as três décadas de evolução no mundo do vinho. Como se trata de um estudo muito bem conduzido e com achados interessantes, vamos discorrer um pouco mais adiante sobre as principais conclusões e achados.

Ao longo das últimas três décadas, o mercado global de vinhos passou por transformações significativas, impulsionadas por mudanças no comportamento do consumidor, avanços tecnológicos, desafios ambientais e novos paradigmas de marketing. Estas mudanças impactam diretamente a forma como o vinho é produzido, comercializado e consumido, no Velho e no Novo Mundo.[12]

O autor mostra que, apesar de sua rica tradição, o setor vitivinícola enfrenta grandes desafios. As mudanças climáticas, por exemplo, alteram o ciclo das colheitas e a geografia dos vinhedos, enquanto os novos padrões de consumo forçam as vinícolas a repensar suas estratégias. De acordo com a **Organização Internacional da Vinha e do Vinho (OIV)**, embora o consumo de vinho tenha diminuído em muitos mercados tradicionais do Velho Mundo, as vendas de vinhos premium estão crescendo, o que equilibra parcialmente o mercado. A pesquisa **Wine Report 2023** prevê um aumento das receitas globais de vinho a uma taxa média anual de crescimento de 1,5% até 2027, impulsionado, em grande parte, pela ascensão do consumo em países asiáticos, onde o crescimento médio é de 3,5%.

Essa transformação na demanda reflete as novas percepções do vinho para os consumidores. Em mercados emergentes, como na Ásia, o vinho está se tornando um símbolo de status e sofisticação. Já nos mercados tradicionais, ele mantém uma dupla identidade: ao mesmo tempo que pode ser visto como um luxo, também é apreciado como um produto cotidiano. As vinícolas precisam entender essas percepções e ajustar suas estratégias de marketing para alcançar novos públicos e reter os consumidores existentes.

O novo consumidor: hedonista e informado

Nas últimas décadas, o perfil do consumidor de vinhos mudou drasticamente. Conforme Moulton et al., os clientes modernos são mais hedonistas e menos influenciados pela tradição ou pela opinião de especialistas. Esses consumidores, especialmente os mais jovens, são guiados pela experiência sensorial, pela conveniência e pela conexão emocional que o vinho proporciona. Eles também são influenciados por questões sociais, como sustentabilidade e responsabilidade corporativa.[13]

No entanto, o mercado de vinhos ainda é bastante segmentado. Há consumidores que continuam sendo guiados por critérios mais tradicionais, como a reputação da vinícola e a qualidade do terroir. Esse contraste torna o vinho um dos produtos mais complexos de se comercializar, exigindo que as vinícolas adotem estratégias mais diversificadas e criativas.

Para enfrentar esses desafios, muitas vinícolas passaram a adotar abordagens de gestão mais profissionalizadas, com o marketing desempenhando um papel central. A promoção de vinhos, descrita por Spawton como a combinação rentável dos recursos do produtor de vinhos com as necessidades e desejos do consumidor, é essencial para atrair novos clientes e reter os já existentes. Ao aplicar estratégias de marketing modernas, as vinícolas conseguem aumentar a percepção de valor do produto, destacando não apenas a qualidade, mas também a história, o terroir e os valores por trás da marca.

O uso da ciência do marketing permite que os produtores identifiquem e alcancem novos públicos, criem vínculos mais profundos com seus consumidores e aumentem as percepções positivas sobre seus vinhos. As vinícolas que investem em branding, por exemplo, conseguem se destacar em mercados saturados, em que a lealdade à marca e a percepção de qualidade desempenham um papel crucial na decisão de compra.

Mudanças climáticas e sustentabilidade: desafios e oportunidades

Outro ponto crucial que emerge ao longo das últimas três décadas é a crescente atenção às mudanças climáticas. O aumento das temperaturas e as alterações no regime de chuvas afetam diretamente a qualidade e a consistência das colheitas, como vimos no capítulo anterior. A sustentabilidade também ganhou destaque, tanto nas práticas de produção quanto no comportamento do consumidor. O aumento da disposição dos consumidores em pagar mais por vinhos orgânicos ou sustentáveis é um fator que as vinícolas não podem mais ignorar. A introdução de práticas de sustentabilidade não apenas melhora a imagem da marca, mas também pode abrir novas oportunidades de mercado. As vinícolas que adotam processos sustentáveis, como o uso de energia renovável e técnicas de cultivo ecológicas, não estão apenas atendendo às demandas do mercado, mas também contribuindo para o futuro do planeta.

O enoturismo e a cocriação de experiências

Um dos fluxos mais significativos nos últimos anos é o enoturismo, que cresceu como uma alternativa de receita para muitas vinícolas. A experiência do enoturismo vai além da simples degustação de vinhos: é a imersão no terroir, na história e na cultura da vinícola. Estabelecer rotas de vinho e festivais locais se tornou uma maneira de atrair não apenas enófilos, mas também turistas em busca de uma experiência diferenciada. Esse movimento promove a sustentabilidade, ajudando a desenvolver as economias rurais.

Além disso, o enoturismo permite que os consumidores participem do processo, cocriando experiências únicas que os conectam emocionalmente à marca. Esse tipo de envolvimento gera uma lealdade duradoura, algo difícil de se alcançar no competitivo mercado de hoje.

O impacto da mídia social e as novas gerações

Outro tema emergente é o impacto da mídia social. Plataformas como Instagram se tornaram ferramentas poderosas para a promoção de vinhos. Interessante que todas as faixas etárias utilizam essas plataformas. As estratégias de marketing digital são essenciais para atingir o público, que é mais influenciado por conteúdo visual e interações digitais do que por avaliações tradicionais de especialistas.

Os influenciadores digitais, especialmente os microinfluenciadores, têm desempenhado um papel crucial na promoção de marcas de vinhos, criando conteúdo autêntico que ressoa com seus seguidores. Essa abordagem permite que as vinícolas alcancem novos consumidores de modo mais eficaz, especialmente aqueles que buscam novas experiências e estão menos ligados à tradição.

Martinez-Navarro conclui que o futuro da vitivinicultura, especialmente à medida que adentramos a próxima década, será moldado por essas novas tendências e desafios. As vinícolas que souberem se adaptar às mudanças no comportamento do consumidor, às demandas por práticas sustentáveis e às inovações tecnológicas estarão em posição para prosperar. Ademais, a habilidade de envolver os consumidores em experiências genuínas, quer seja através do enoturismo, quer das mídias sociais, surgirá como um diferencial crítico.

Se há algo que a história do vinho nos ensina é que, assim como uma vinha que precisa ser podada e cuidada ano após ano, a indústria precisa se renovar e evoluir constantemente para manter sua relevância e seu prestígio.

Comportamento do consumidor: o pilar central da transformação

A Figura 15 mostra a evolução do mercado do vinho ao longo de três décadas. De acordo com o mapa de evolução, o comportamento do consumidor tem sido o tema dominante em todas as fases estudadas, uma tendência que deve se intensificar nos próximos anos. Nos anos 1990, o comportamento do consumidor estava focado em aspectos tradicionais, como preço e escolha. O vinho era amplamente visto como um produto de status ou uma bebida associada a rituais e ocasiões específicas. A escolha era simples, baseada em critérios básicos de valor percebido e tradição.

No entanto, à medida que avançamos para as décadas seguintes, o consumidor começou a exigir mais do que apenas um preço acessível ou uma garrafa com rótulo atraente. A pesquisa sobre qualidade do vinho cresceu significativamente, refletindo o desejo do consumidor por produtos superiores, especialmente em mercados emergentes do Novo Mundo. Já nos anos 2010, a busca por experiências começou a ganhar destaque, refletindo a ascensão do enoturismo como uma prática que combina consumo de vinho com vivências culturais e sensoriais.

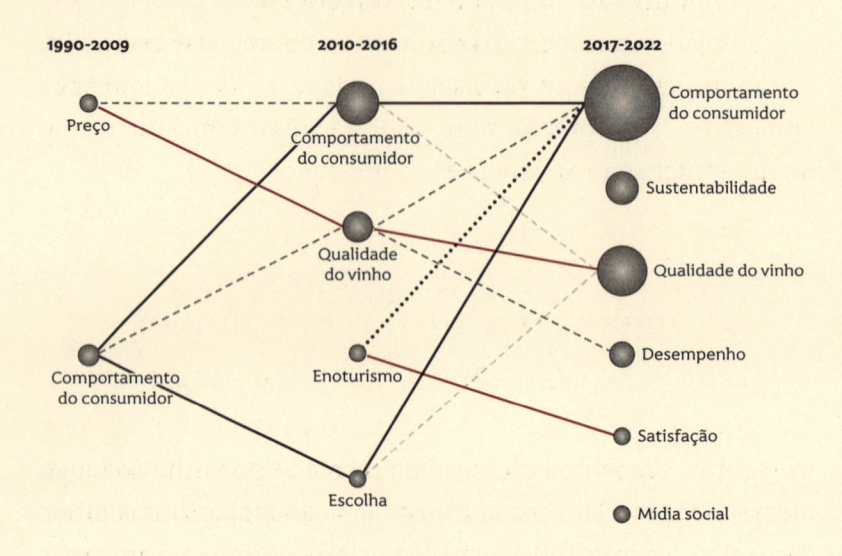

Figura 15: Evolução do mercado do vinho.
Fonte: Adaptado de: MARTÍNEZ-NAVARRO; SELLERS-RUBIO.[11]

Em resumo podemos identificar as seguintes mudanças baseado no estudo de Martinéz-Navarro da Universidade de Alicante:

- **1990 - 2009:** o foco estava principalmente no preço e nas escolhas básicas. A indústria ainda era bastante tradicional, com pouca inovação em termos de enoturismo e sustentabilidade.
- **2010 - 2016:** o comportamento do consumidor começou a mudar, com mais interesse em experiências de enoturismo,

além de uma crescente conscientização sobre a qualidade do vinho. O foco em sustentabilidade começou a emergir.
- **2017 - 2022:** o comportamento do consumidor se diversificou com o crescimento do interesse por sustentabilidade, desempenho econômico das vinícolas e maior uso de mídias sociais para engajamento com os consumidores. O enoturismo consolidou-se como parte crucial da experiência do vinho.

Qualidade do vinho: do preço ao valor emocional

O estudo mostra que o mercado de vinhos tem passado por uma transformação importante nos últimos anos. O foco, que nos anos 1990 estava centrado principalmente no preço, deslocou-se nas décadas seguintes para um conceito mais amplo de qualidade. Hoje, a percepção de valor no vinho não é mais determinada apenas pelo preço, mas sim pela experiência sensorial e emocional que o produto entrega. Essa evolução está diretamente ligada a mudanças no comportamento dos consumidores, que agora estão dispostos a pagar mais por vinhos que entreguem experiências únicas e que carreguem histórias, terroirs especiais e práticas de sustentabilidade.

Esse movimento no mercado de vinhos, em que o preço é substituído pelo valor, é um reflexo do que estamos vendo em outros setores. Valor, como sempre digo, faz parte da equação:

$$Valor = A + B + C + D \ldots + Preço$$

Em que A, B, C etc. são atributos que seu produto oferece aos clientes.

Empresas de bens de consumo, por exemplo, estão cada vez mais focadas em criar uma conexão emocional com seus clientes, por meio de uma abordagem que inclui transparência, sustentabilidade e uma narrativa autêntica. Marcas globais de moda sustentável, como Patagônia e *Veja*, são exemplos de empresas que conseguiram alavancar esse tipo de relacionamento, conquistando a lealdade do consumidor ao destacar práticas de produção ética e responsabilidade ambiental.

No segmento de tecnologia, empresas como Apple e Tesla não apenas vendem produtos; elas criam experiências. Assim como o consumidor de vinhos busca vinhos que entreguem algo além de sabor — uma história, um compromisso com o meio ambiente, uma ligação com um terroir específico —, o consumidor de tecnologia busca dispositivos que não apenas funcionem, mas que também representem um estilo de vida e valores compartilhados.

Tanto no mercado de vinhos quanto no mundo corporativo, as empresas que conseguirem entender e essa transição do preço para o valor emocional e se adaptarem a ela estarão mais bem posicionadas para o futuro. No vinho, os consumidores exigirão cada vez mais que as garrafas que compram estejam conectadas a algo maior: seja uma história de tradição e inovação, seja um compromisso com práticas sustentáveis que respeitam o meio ambiente.

Da mesma forma, no mundo dos negócios, os consumidores estarão atentos não apenas ao que compram, mas a por que compram. O impacto de uma marca nas questões sociais e ambientais se tornará um fator crítico, e as empresas que não se adaptarem a essas novas expectativas correm o risco de se tornarem irrelevantes.

Satisfação e enoturismo: a era da experiência

A pesquisa mostrou que o enoturismo começou a ganhar destaque no início dos anos 2000 e rapidamente se tornou um dos principais temas no setor vitivinícola, evoluindo paralelamente à preocupação com a satisfação do consumidor. O enoturismo oferece muito mais do que apenas a degustação de vinhos; ele proporciona uma experiência imersiva que inclui visitas a vinícolas, a oportunidade de explorar o terroir e de aprender sobre o processo de produção diretamente com os produtores. Essa busca por experiências imersivas reflete uma mudança significativa no comportamento do consumidor, que agora deseja se conectar de maneira mais profunda com as marcas e os produtos que consome.

No contexto do vinho, essa tendência transformou o consumo em uma atividade cultural e turística, permitindo que as vinícolas construam relacionamentos mais fortes e emocionais com seus clientes. Em vez de apenas vender um produto, as vinícolas agora vendem uma experiência completa, que abrange não só o prazer de degustar o vinho, mas também o entendimento do processo, a história por trás da produção e a imersão no ambiente de onde o vinho é originado. Esse movimento oferece um modo mais rico de engajamento e fidelização, indo além da simples transação comercial.

Esse fenômeno observado no enoturismo também está ocorrendo em diversos outros setores da economia global. Empresas de diversos segmentos estão se afastando de um modelo de negócios baseado apenas na venda de produtos e serviços, passando a focar em oferecer experiências que envolvem e conectam emocionalmente seus consumidores. Um exemplo claro disso é o setor de *retail*, em que marcas como

Nike e Apple transformaram suas lojas físicas em verdadeiros centros de experiência. Lojas da Apple, por exemplo, oferecem workshops, sessões de aprendizado e áreas interativas onde os consumidores podem testar os produtos e compreender melhor suas funcionalidades. O objetivo é que os consumidores não apenas comprem o produto, mas que experimentem a marca de uma maneira envolvente e significativa.

No turismo em geral, a personalização e a imersão também têm sido elementos centrais na criação de valor para o cliente. Resorts de luxo, como os da rede Six Senses, oferecem experiências personalizadas, em que o hóspede pode, por exemplo, plantar sua própria comida, participar de práticas de sustentabilidade ou aprender sobre a cultura local, elevando a hospedagem a uma experiência educacional e transformadora. Assim como no enoturismo, a ideia é que o consumidor não apenas consuma um serviço, mas também se envolva com a essência da marca e da experiência que ela proporciona.

Sustentabilidade e mídia social – os novos protagonistas

Nas últimas décadas, temas como sustentabilidade e o impacto das mídias sociais ganharam destaque, e isso foi reforçado com os dados do estudo. A sustentabilidade tornou-se um ponto central para produtores e consumidores, com vinícolas sustentáveis sendo vistas como inovadoras e alinhadas com os valores contemporâneos de proteção ambiental e responsabilidade social. Práticas ecológicas, como cultivo orgânico, uso eficiente da água e o emprego de garrafas feitas com materiais recicláveis, estão se tornando exigências dos consumidores modernos. Para o futuro, a transparência nessas práticas será um fator decisivo para o sucesso das marcas. As vinícolas precisarão não apenas adotar essas iniciativas, mas também comunicá-las de forma clara e convincente, utilizando plataformas de mídia social para aumentar o engajamento e a conscientização.

Essa mesma transformação é evidente em outros segmentos corporativos. Grandes marcas de moda, como Stella McCartney e Patagonia, por exemplo, têm usado a sustentabilidade como um diferencial competitivo. Elas vão além de produtos *eco-friendly*, integrando práticas responsáveis em toda a cadeia produtiva e comunicando esses esforços diretamente aos seus consumidores por meio de canais digitais. No setor alimentício, grandes empresas como Unilever e Nestlé também têm adotado políticas de transparência ambiental e incorporado ações que demonstram comprometimento com a sustentabilidade, desde o uso de embalagens recicláveis até a redução da pegada de carbono em suas operações. Essa tendência é universal: a demanda por responsabilidade social e ambiental não é mais um nicho, mas uma expectativa amplamente difundida entre os consumidores.

A revolução das mídias sociais também transformou o marketing de vinhos, permitindo que pequenas vinícolas alcancem audiências globais com recursos limitados. Plataformas como Instagram, TikTok e YouTube são canais poderosos, especialmente entre as gerações mais jovens, que buscam autenticidade e interatividade em suas interações com marcas. Futuramente, o uso de influenciadores digitais continuará a crescer, e o conteúdo gerado por usuários (UGC) será cada vez mais importante na decisão de compra dos consumidores. As redes sociais permitem uma comunicação direta e personalizada, criando uma conexão emocional entre a marca e o consumidor.

Essa evolução não se restringe ao mundo do vinho. No setor de *retail*, por exemplo, grandes varejistas como Nike e Sephora estão aproveitando as mídias sociais para construir uma conexão direta com seus clientes. Eles utilizam campanhas digitais interativas, influenciadores e UGC para criar comunidades online que geram lealdade e incentivam as vendas. Além disso, as empresas estão cada vez mais utilizando a análise de dados de redes sociais para personalizar suas estratégias de marketing, ajustando suas abordagens de acordo com o comportamento e as preferências de seus consumidores. Esse movimento está transformando a maneira como as marcas se comunicam e vendem, em praticamente todos os setores.

Uma preparação importante que deve estar na pauta de todas as empresas é a capacidade de captar e analisar dados em tempo real, cruzando-os com o comportamento do consumidor nas plataformas sociais, pois será uma das habilidades mais valiosas no futuro dos negócios. Esse conhecimento permitirá que as empresas desenvolvam campanhas mais eficazes e interajam de modo mais significativo com seus clientes, criando lealdade e, ao mesmo tempo, promovendo um forte engajamento com a marca.

Previsões futuristas: o que podemos esperar do mercado de vinhos?

À medida que olhamos para as próximas décadas, podemos imaginar que a inteligência artificial e o big data desempenharão papéis fundamentais no mercado de vinhos. Ferramentas de análise preditiva poderão ajudar vinícolas a entender melhor as demandas dos consumidores e a prever tendências emergentes, ajustando suas produções de modo mais eficiente.

Além disso, o foco nas inovações tecnológicas deve continuar a crescer. Tecnologias como drones e sensores inteligentes ajudarão na gestão de vinhedos, garantindo maior controle sobre o uso de recursos naturais, como água e fertilizantes. Isso não apenas aumentará a sustentabilidade, mas também permitirá vinhos de melhor qualidade, já que o monitoramento em tempo real do solo e das vinhas levará a uma produção mais eficiente e precisa.

A globalização do paladar também abrirá novas fronteiras. O consumo de vinho se expandirá para além das regiões tradicionais, com mais consumidores de países da Ásia e da África se interessando por essa bebida milenar. Esses mercados emergentes trarão consigo novas demandas e preferências, exigindo que as vinícolas adaptem seus produtos e suas narrativas culturais para refletir esses novos públicos.

Podemos ter uma certeza: o próximo mapa de evolução dos anos 2030 e 2040 será diferente do que estamos vendo hoje. Como alguns autores definem: o futuro está no momento presente.

Assim como a indústria do vinho evoluiu para incluir novos sabores, novas práticas e novos públicos, o futuro promete ainda mais inovações que irão moldar a forma como produzimos, consumimos e nos conectamos com o vinho. Como uma videira que cresce e se adapta ao terroir, a indústria do vinho continuará a se transformar, impulsionada pela criatividade, tecnologia e, acima de tudo, pela paixão dos produtores e consumidores.

Principais observações por período:

- **1990 - 2009:** o foco estava principalmente no preço e nas escolhas básicas. A indústria ainda era bastante tradicional, com pouca inovação em termos de enoturismo e sustentabilidade.
- **2010 - 2016:** o comportamento do consumidor começou a mudar, com mais interesse em experiências de enoturismo, além de uma crescente conscientização sobre a qualidade do vinho. O foco em sustentabilidade começou a emergir.
- **2017 - 2022:** o comportamento do consumidor se diversificou com o crescimento do interesse por sustentabilidade, desempenho econômico das vinícolas e maior uso de mídias sociais para engajamento com os consumidores. O enoturismo consolidou-se como parte crucial da experiência do vinho.
- **2023 - 2030 (minha previsão):** novos atributos emergem com força, como experiências digitais interativas, maior personalização de produtos com base em IA e *blockchain* para garantir autenticidade. O consumidor exigirá ainda mais práticas sustentáveis, saúde e bem-estar estarão no topo da lista de prioridades, enquanto a transparência total das práticas das vinícolas será essencial para o engajamento e fidelização.

Case de inovação: a revolução da dupla poda na vitivinicultura brasileira

A vitivinicultura é uma prática ancestral, repleta de técnicas e segredos que se desenvolveram ao longo dos séculos. No entanto, é no "Novo Mundo" do vinho que uma das inovações mais surpreendentes dos últimos tempos surgiu: a **técnica de dupla poda**, uma descoberta genuinamente brasileira. Este método inverte o ciclo tradicional das videiras. Permite a colheita no inverno, adicionando uma nova dimensão à produção de vinhos finos. Isso é especialmente útil em regiões fora das latitudes tradicionais para vitivinicultura, entre os paralelos trinta e cinquenta.

Esse avanço quebra paradigmas e abre portas para novas possibilidades em lugares até então considerados inadequados para a produção de vinhos de alta qualidade, o que destaca a importância de seguir investigando e experimentando, especialmente em um setor como o vitivinícola, que por tanto tempo foi visto como imutável.

A técnica de dupla poda: inovação *made in Brazil*

A **dupla poda**, também conhecida como poda invertida, é um método que desafia a sabedoria convencional da vitivinicultura. Normalmente, a poda acontece uma vez por ano, preparando a videira para o ciclo de crescimento seguinte. Porém, com a dupla poda, há uma segunda intervenção. Ao aplicar essa técnica, o ciclo natural da videira é alterado, e a colheita ocorre no inverno, quando as condições climáticas — especialmente em regiões como o sul de Minas Gerais — são ideais, com dias ensolarados e noites frias, além de um solo seco que favorece a maturação das uvas com qualidade superior.[14,15]

Essa técnica foi desenvolvida por Murillo de Albuquerque Regina, enquanto trabalhava na Empresa de Pesquisa Agropecuária de Minas Gerais (EPAMIG). A inovação nasceu da necessidade de adaptar a produção de vinhos finos ao clima do Sudeste brasileiro, mas também ganhou espaço em outras regiões importantes do país. Estas regiões eram conhecidas pelo cultivo de café, mas agora despontam também como um novo polo de vinhos de inverno.

Por que inverter o ciclo da videira?

Inverter o ciclo tradicional das videiras oferece vantagens competitivas e de qualidade que transformam a produção vinícola:

- **Maturação sincronizada**: ao colher no inverno, é possível garantir que a maturação das uvas ocorra em sincronia, permitindo uma evolução ideal do teor de açúcar, pigmentos e taninos. Isso resulta em vinhos mais complexos e equilibrados.
- **Clima favorável**: a amplitude térmica do inverno — com noites mais frias e dias mais ensolarados — favorece uma maturação mais lenta e controlada, o que é ideal para a produção de vinhos finos. As chuvas são menos frequentes, o que reduz o risco de doenças que normalmente afetariam as uvas durante a maturação no verão.

- **Preservação das características naturais**: a dupla poda permite que os viticultores interfiram menos no processo produtivo, resultando em vinhos que expressam melhor as qualidades naturais das uvas e do terroir. Com menos necessidade de intervenções externas, o vinho reflete de modo mais puro as características da terra e do clima.

A introdução da dupla poda não só permite que vinhos de alta qualidade sejam produzidos em locais antes considerados inadequados, como também eleva o padrão da vitivinicultura nacional. Regiões como o Sudeste e o Nordeste do Brasil estão se consolidando como novos polos de produção de vinhos de inverno, atraindo investidores e abrindo nichos de mercado que valorizam a singularidade desses vinhos.

Esse modelo de produção também impulsiona o enoturismo, que cresce em paralelo ao desenvolvimento dos vinhedos. O sul de Minas, por exemplo, agora se apresenta como uma região vitivinícola emergente, com vinícolas que produzem vinhos finos e atraem turistas em busca de experiências enológicas únicas.

Desafios e adaptações necessárias

Claro, essa técnica não é livre de desafios. O manejo técnico das videiras se torna mais rigoroso, exigindo um acompanhamento próximo e uma equipe qualificada. A adaptação ao ciclo invertido requer que as equipes estejam prontas para realizar a colheita e outras atividades no momento exato, aproveitando ao máximo as condições climáticas favoráveis do inverno.

Além disso, a dupla poda não é uma solução universal. Regiões como o Sul do Brasil, onde o inverno é chuvoso e com geadas frequentes, não são adequadas para essa prática. A técnica é mais eficaz em áreas com altitudes entre seiscentos e mil metros, onde as temperaturas se mantêm amenas, sem risco de geadas severas que poderiam danificar as videiras.

Um novo futuro para a vitivinicultura brasileira

A técnica de dupla poda coloca o Brasil no mapa mundial da inovação vinícola, desafiando as convenções sobre onde e como se pode produzir vinhos de alta qualidade. Ao alterar o ciclo natural das videiras e colher no inverno, a vitivinicultura brasileira encontrou uma solução para as dificuldades impostas pelo clima tropical.

Esse avanço não só melhora a qualidade dos vinhos, mas também traz uma nova dinâmica ao setor vitivinícola, abrindo portas para regiões que, até então, eram vistas apenas como produtoras de café ou outras culturas. Além disso, eleva o padrão dos vinhos produzidos no país, permitindo que o Brasil concorra no mercado internacional com produtos diferenciados e de alta qualidade.

A inovação como caminho para o futuro

A história da dupla poda nos lembra da importância de continuar inovando e buscando soluções criativas, especialmente em um mundo cada vez mais incerto e desafiador. O sucesso dessa técnica é um lembrete de que a pesquisa e a experimentação são fundamentais para o progresso, não só no mundo do vinho, mas em qualquer setor.

Assim como a vitivinicultura no Brasil descobriu uma maneira de superar os desafios climáticos e produzir vinhos excepcionais fora das latitudes consideradas ideais, as empresas e os profissionais de todos os setores devem continuar explorando novas abordagens, testando limites e abraçando o aprendizado contínuo. A inovação é o caminho para o futuro, e aqueles que estão dispostos a sair da zona de conforto e experimentar novas soluções serão os que colherão os melhores frutos — ou, no caso, as melhores uvas.

Referências

1. SMITH, C. *Postmodern Winemaking*: Rethinking the Modern Science of an Ancient Craft. Oakland: University of California Press, 2013.
2. IBM WATSON. AI in Supply Chain Management. Disponível em: IBM Website. Acesso em: 6 out. 2024.
3. FOOD & WINE. AI Has Infiltrated the Wine Industry and It's Affecting What's in Your Glass. Disponível em: https://www.

foodandwine.com/artificial-intelligence-in-the-wine-industry-8650639. Acesso em: 6 out. 2024.

4. SAGESELLER.COM. How Amazon Uses Big Data to Transform Online Shopping Experiences. Disponível em: https://sageseller.com/blog/how-amazon-uses-big-data-to-transform-online-shopping-experiences/. Acesso em: 6 out. 2024.

5. SOMMELIER CHOICE AWARD. Big Data Analytics Changing the Centuries-Old Wine Industry. Disponível em: https://sommelierschoiceawards.com/en/blog/insights-1/big-data-analytics-changing-the-centuries-old-wine-industry-684.htm. Acesso em: 6 out. 2024.

6. VITIBOT. Disponível em: https://vitibot.fr/produits-et-services-popup/services-vitibot-sustainable-viticulture/?lang=en. Acesso em: 6 out. 2024.

7. PEACHWINES.COM. Penfolds Joins Blockchain NFC Wine Authentication Platform. Disponível em: https://www.peachwire.com/penfolds-joins-blockchain-nfc-wine-authentication-platform/. Acesso em: 6 out. 2024.

8. JOHN DEERE. Precision Agriculture with Drone Technology. Disponível em: https://www.deere.com/en/technology-products/precision-ag-technology/. Acesso em: 6 out. 2024.

9. DOMAINE KOX. The Drone at the Winery. Disponível em: https://www.domainekox.lu/en/news-2/fiche-news/2019/07/drone. Acesso em: 6 out. 2024.

10. BENZINGER. Benziger Virtual Reality Tour App. Disponível em: https://www.benziger.com/visit-us/benziger-virtual-reality-tour/. Acesso em: 6 out. 2024.

11. MARTÍNEZ-NAVARRO, J.; SELLERS-RUBIO, R. Three decades of research on wine marketing. Heliyon, v. 10, n. 10, 2024, p. e30938.

12. MOULTON, K.; SPAWTON, A.; BOURQUI, M. *Introduction*: Consumer Behavior and Marketing Strategies. 2001. p. 10.
13. VINÍCOLA UVVA. Técnica de Dupla Poda. Disponível em: https://vinicolauvva.com.br/blog/tecnica-dupla-poda-vinicola-uvva/?utm_campaign=dna-newsletter-agosto-24&utm_medium=email&utm_source=RD+Station. Acesso em: 6 out. 2024.
14. EPAMIG. Técnica de Dupla Poda da Videira Adaptada pela EPAMIG. Disponível em: https://www.epamig.br/tecnica-de-dupla-poda-da-videira-adaptada-pela-epamig-consolida-novo-polo-viticola-no-brasil/. Acesso em: 6 out. 2024.

Reflexões finais

Chegamos ao final deste livro, mas talvez isso seja apenas o começo de novas reflexões e insights para você, leitor. A analogia traçada entre a produção de vinhos e a gestão empresarial não é apenas uma curiosidade teórica, mas um verdadeiro convite à prática. Assim como o vinho exige atenção minuciosa a cada detalhe, os negócios demandam o mesmo cuidado em cada decisão, em cada interação.

Tanto no universo dos negócios quanto na vitivinicultura, o sucesso é construído com paciência, adaptação constante e foco nos detalhes. Ao longo desta jornada, vimos como o cuidado com o terroir molda o caráter de um vinho, assim como a cultura organizacional define o destino de uma empresa. Da escolha das melhores uvas até o blend final, cada decisão afeta o resultado, tal como cada estratégia impacta o sucesso empresarial. O aprendizado é claro: grandes vinhos e grandes empresas são fruto de uma execução cuidadosa e de uma liderança atenta.

Os números reforçam essa conexão. O Brasil registrou, em 2023, mais de 1,7 milhão de novas empresas, totalizando mais de 20,7 milhões de negócios ativos, sendo 93,5% deles pequenos ou médios.[1] Globalmente, o cenário é semelhante, com 333,34 milhões de empresas ativas, cuja maioria também é composta por pequenos e médios negócios. Isso reflete diretamente o que encontramos na indústria do vinho: quase cem mil vinícolas ao redor do mundo, gerando um movimento financeiro de US$ 300 bilhões por ano.[2] Tanto nas empresas quanto nas vinícolas, são as pequenas operações que movem a inovação, a diversidade e o crescimento sustentável.

Este livro foi pensado para você, que atua em uma dessas empresas e quer prosperar, inovar e crescer. Não importa o tamanho do seu negócio, os desafios e oportunidades são universais. Patrick Lencioni, em seu livro, define "organizações inteligentes e saudáveis" e nos lembra de que, embora muitos se concentrem em estratégias e táticas, o verdadeiro sucesso também depende da saúde organizacional — da capacidade de manter o alinhamento, a moral elevada e a produtividade.[3] E esse equilíbrio, como vimos, é a chave para a excelência.

Que essa jornada inspire em você a curiosidade de um enólogo. Assim como aprendemos que a seleção das melhores uvas não garante um bom vinho se o processo for mal executado, no mundo dos negócios, a melhor estratégia falha sem uma execução precisa. Vimos também como as pequenas equipes ágeis nas empresas refletem as vinícolas familiares, que inovam e criam produtos únicos com atenção e cuidado.

Falamos sobre liderança, inovação e adaptação — temas centrais tanto na vinificação quanto na gestão empresarial. Líderes, assim como enólogos, precisam ajustar constantemente suas estratégias para aproveitar as oportunidades e superar os desafios. A jornada, como no vinho, é tão importante quanto o destino. Cada safra, cada estratégia oferece uma nova oportunidade de aprender, de evoluir e de criar algo extraordinário.

No final, o que diferencia um vinho de excelência de um vinho comum é o cuidado com cada etapa — da escolha das uvas ao engarrafamento. Nos negócios, o processo é o mesmo: começa com o "eu", com o indivíduo, mas logo evolui para o nós, o coletivo. E é dessa união que emergem os resultados excepcionais. Ao abrir sua próxima garrafa de vinho, lembre-se de aplicar os conceitos que discutimos ao seu dia a dia profissional. Assim como o vinho é um símbolo de celebração e prazer, que seus desafios possam se transformar em oportunidades de crescimento, e suas vitórias em motivos de celebração.

Lembre-se: tanto no vinho quanto nos negócios, os desafios diários sempre existirão. Mas tudo começa no "eu" e evolui para o "nós". Juntos, podemos construir um legado para o mundo em que vivemos. Cada garrafa de vinho conta uma história, e cada empresa também constrói a sua. A arte de criar algo excepcional exige algo a mais — não é só o indivíduo, é o coletivo. A diversidade é uma dádiva que nos permite ver diferentes perspectivas e pensar de maneira criativa e inovadora.

O futuro, tanto na viticultura quanto no mundo corporativo, será protagonizado pela sustentabilidade e inovação. Mas, acima de tudo, o que levamos daqui é que o caminho importa tanto quanto o destino. Que você, como um grande vinicultor, seja capaz de ver as oportunidades nos desafios, de encontrar harmonia nas diferenças e de liderar com propósito e paixão.

O mundo dos vinhos e dos negócios está em constante evolução. A jornada é longa e cheia de nuances. Que este livro seja apenas o começo de uma exploração mais profunda e inspiradora em ambos os universos. Que suas próximas decisões empresariais sejam tão refinadas e estratégicas quanto a escolha de um excelente vinho.

Saúde e sucesso na sua jornada!

Referências

1. AGÊNCIA BRASIL. Brasil registra aumento de 5,1% de empresas abertas nos últimos quatro meses de 2023. Disponível em: https://agenciagov.ebc.com.br/noticias/202401/memp-divulga-aumento-de-5-1-de-empresas-abertas-nos-ultimos-quatro-meses-de-2023#:~:text=Os%20resultados%20revelam%20um%20saldo,ou%20empresas%20de%20pequeno%20porte. Acesso em: 6 out. 2024.

2. ACADEMIE DU VIN LIBRARY. Wine Statistics. Academie du Vin Library, 2023. Disponível em: https://academieduvinlibrary.com/blogs/vinosity/wine-statistics#:~:text=The%20latest%20estimates%20suggest%20that,production%20a%20%24300%20billion%20industry. Acesso em: 6 out. 2024.

3. LENCIONI, P. *Os 5 desafios das equipes*. Rio de Janeiro: Sextante, 2015. p. 216-217.

FONTE Minion Pro
PAPEL Pólen Natural 80 g/m²
IMPRESSÃO Paym